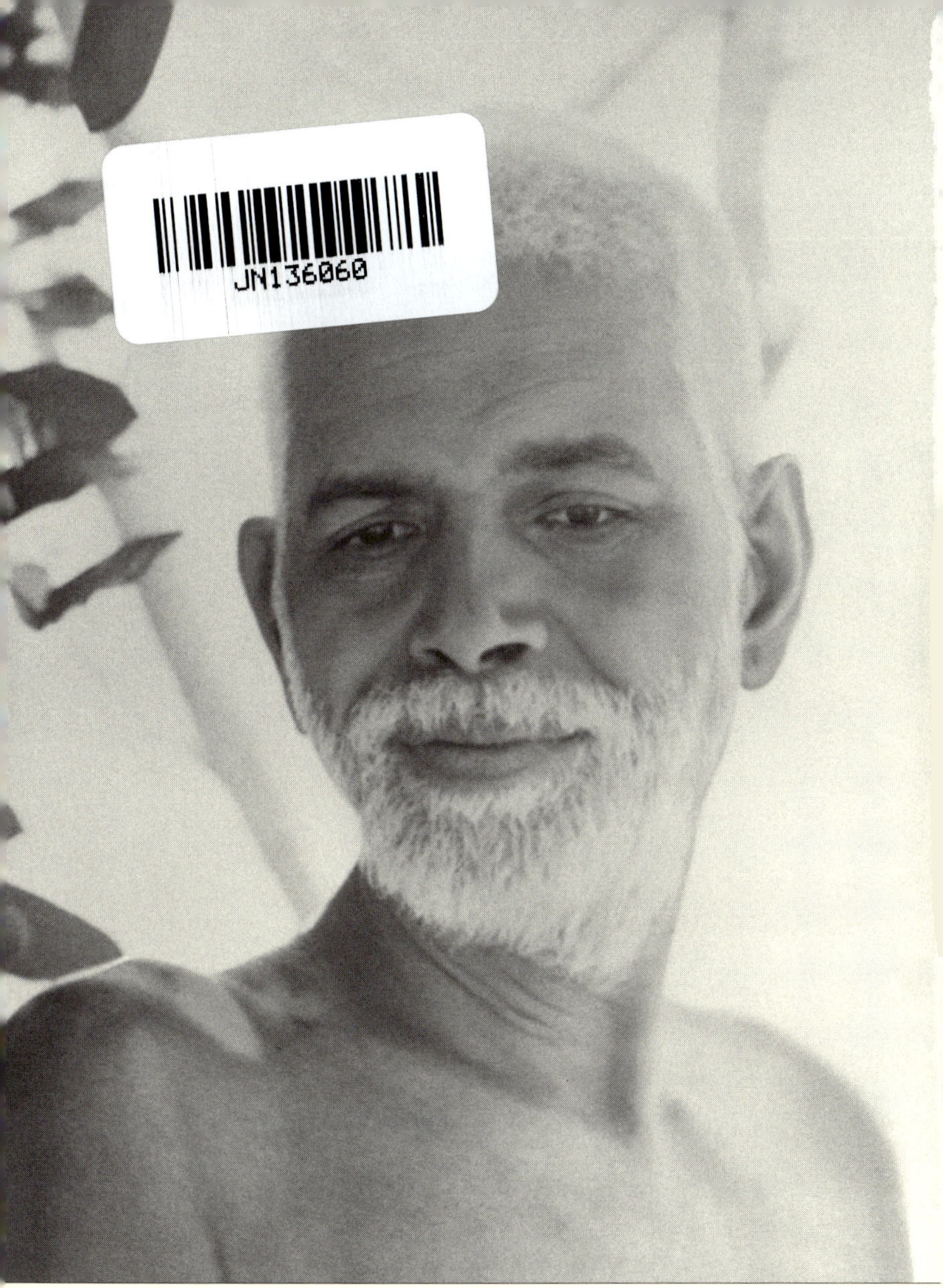

●——バガヴァン・シュリ・ラマナ・マハルシ

ラマナ・マハルシの教え

ラマナ・マハルシ 著
山尾三省 訳

野草社

The Spiritual Teaching of
Ramana Maharshi

Japanese translation published by arrangement
with Shambhala Publications, Inc.
through The English Agency (Japan) Ltd.

ラマナ・マハルシの教え——目次

目次

序

シュリ・ラマナと現代人へのメッセージ

C・G・ユング

シュリ・ラマナはインドの大地の真の息子である。彼は誠実でありながら、どこかまったく常ならぬものを持っている。インドにあって彼は、白い空間の内なる最も白い一点である。

われわれがシュリ・ラマナの生涯と教えの内に発見するものは、最も純粋なインドである。インドの解き放たれた世界および人間解放の呼吸は、ひとつの千年至福の聖歌である。そのメロディは、ただひとつの大いなるモティーフに添って奏でられており、千もの彩りの反射を伴って、インド精神の内につねにそれ自らを若返らせてきたのだが、その最後の化身が、シュリ・ラマナ・マハルシその人である。

自己[*1]と神を同一視することは、ヨーロッパ人にとっては、ひとつのショックとして響くであろう。このことは、シュリ・ラマナの言葉の内に示されているように、特別にオリエンタルな「自己実現」であると言える。心理学は、このような自己実現の問題を提示する分野からは遥か隔っているという見解の他には、何ひとつこの問題に貢献することはできない。しかしながらインド人にとっては、精神の源としての自己は、神と異なるものではないということは明瞭であり、人が彼の自己の内に在《あ》るかぎりは、彼は単に神の内に含まれて在るだけでなく、神御自身でもあるということが明瞭である。シュリ・ラマナは完全に、明らかにこの見地にある。

東洋の実修のゴールは、西洋の神秘主義のゴールと同様のものである。焦点は「私」から自己へ、人から神へとしぼられてゆく。それは「私」が自己の内に消え、人が神の内に消えることを意味している。同様の努力は『[*2]エクセルシティア・スピリチュアリア』の中にも述べられている。そこでは「個人財産」としての「私」は、可能なかぎりの最高にのぼればキリストの所有に至る。

シュリ・ラーマクリシュナも自己に関して同様の見地に立つが、「私」と自己のディレンマは、彼にあってはほんの少しだけ「私」に密着して現われてくる。シュリ・ラマナは、霊的実修の本来の目的は間違いなく「私」の溶解であると宣言しているが、ラーマクリシュナはこの観点にいくぶんためらいの様子を示している。彼も「私という感覚が続いているかぎり、真の知識（ジュニャーナ）と解脱（ムクティ）は不可能である」と言っているけれども、「私であること（アハンカーラ）」という運命的な本性を認めぬわけにはいかなかった。彼は言う「この融合（サマーディ）を得、『私』から自分を解放できるのは、なんとわずかな人にすぎぬことだろう。それは本当に、たまたまにしかできないことだ。やれるだけやり、たえまなくお前自身と絶縁してみるがいい。それでもこの『私』は、いつでもお前に帰ってくるだろう。ポプラの木を伐り倒してみるがいい。次の日にはもう新芽が出てきている。お前が、その『私』を究極的には打ち破れないことがわかったら、その『私』を召使いとして残しておくがよい。」シュリ・ラマナは、この譲歩に関しては確かによりラディカルである。

「私」と自己の間の変化してやまない関係は、東洋の内省的意識が、西洋人によってはほとんど到達しがたいほどに探究しつづけてきた経験のフィールドである。東洋哲学は、われわれの哲学とは大変異なっており、われわれに高度に価値のある贈り物をしてくれる。われわれは「それを所有すべく、手に入れねばならない。」シュリ・ラマナの言葉は、インド精神が、過去何千年にもわたって内面の自己を黙想することによって集積してきた原理的な事柄を、もう一度簡単にまとめなおす。マハルシの個人的な生涯と仕事は、解脱に関してその原初の源を見いだそうとしてきたインド人たちの内面の努力を、もう一度例証してみせてくれる。

東洋の国々は、その精神的な財産の急激な崩壊に脅かされており、彼らの場に入ってくるものは必ずしも西洋の心の最善のものばかりではない。それゆえに人々は、シュリ・ラーマクリシュナやシュリ・ラマナのような聖者を、現代の予言者と見なすのかもしれない。彼らは、われわれに何千年にわたるインドの古い精神文化を思い出させてくれるだけでなく、直接にそれを体現してもいるからである。彼らの生涯と教えは、西洋文明、その物質的技術的、および商業的関係からなる世界の、すべての最近のできごとの中にあって、魂の要求を忘れてはならないという印象的な警告を形づくっている。政治的、社会的、知的分野における息づまるような獲得および所有への衝動、西洋人の魂にあって、明白になだめがたい情熱をかき立てずにはおかない衝動は、東洋にあっても絶え間なく拡大しており、見逃すべからざる結果を生じる恐れがある。インドのみならず中国にあっても、かつてはその中で魂の生活が呼吸し養分を吸収していた多くのものが、すでに失われてしまった。西洋の外形的文化は、真に多くの邪悪を滅することができるし、邪悪を破壊することは、大変望ましいことであり有効でもあるように思われる。しかしながら経験が示してきたように、この進歩はまた精神文化の喪失とともにもたらされたものでもある。よく整えられた衛生的な家に住むことは、疑う余地なくより快適なことではあるが、そのことは、その家に住む人が「誰であるか」という問いに答えるものではないし、その人の魂が、外的な生活に奉仕しているその家に見合うだけの秩序だった清浄な状態を楽しんでいるのかどうかもわかりはしない。人は、ひとたび外的なものごとの追究に身をゆだねれば、経験が示しているように、単なる生活上の必要物資だけではけっして満足せず、つねにより多くを求めてあがき、その偏見に見合う外的なものをつねに探し求めつづけるのである。彼は、すべての外的な成功にもかかわらず、内的には以前と同様であることをまったく忘れてしまっている。彼は一台の自動車を所有しているが、周りの人が二台所有しているのを見て、自分の困窮に不平を鳴らすのである。

人間の外的生活は、確かに多くの改善や美化作用をもたらすことができるが、改善や美化作用は、内なる人間がそれらについていけなくなるにいたって、その意味を失ってしまう。すべての必要性を完備することが、幸福の源であることに疑いの余地はなく、それを過小評価してはならない。それにもかかわらず内なる人間は、いかなる外的事物によっても満足することのない要求を掲げる。この世の「素敵なもの」を追求するあまり、この内なる要求の声が自分自身の耳に届きにくくなってくると、人生に何かまったく異なるものを期待しているという状況の中では、内なる人間は、みずからの説明しがたい不運と理解しがたい不幸の源となる。外形化の状態にあっては、どうすれば自分の自然性(内面性)に原因するものに耐えうるかということを、誰も理解することができないので、癒やしがたい苦痛がやってくる。誰も自分の飽くことを知らぬ性質に驚かず、それを自分の生得の権利と見なしている。彼は、自分の魂の栄養の一面性が、究極的には大変なバランス障害をもたらすということに気づかない。西洋人の病気を形成しているものはこれであり、彼は、その貪欲な不安をもって全世界を感染させるまでは休もうとはしない。

それゆえに東洋の智慧と神秘主義は、彼らが自身の固有の言葉で語るならば、われわれ西洋の人間に伝えるべき非常に多くのことを持っている。それらはわれわれに、われわれもかつては自身の文化において同様のものを持っていたが、すでに忘れ去ってしまっていることを思い出させてくれるし、われわれが重要ではないものとして払いのけてしまったもの、すなわち、われわれの内なる人間の運命として払いのけてしまったものへと、われわれの注意を引き戻してくれる。シュリ・ラマナの生涯と教えは、インド人にとって大切なものであると同時に、西洋人にとっても大切なものである。これは、人間の最大の関心事についての記録であるばかりでなく、無意識の混沌と自己制御の欠如の中で自分自身を喪失する恐れのある人間性にとって、ひとつの警告のメッセージでもある。

（ジンメル著『自己への道―パガヴァン・シュリ・ラマナ・マハルシの生涯と教え―』の序文より引用）

＊1 訳註

「自己」という語は、本書において最も重要なキーワードである。一九ページ以下、ラマナ・マハルシ自身が語るところによって理解されたい。

＊2 訳註

一六世紀のフランスで、イグナティウス・デ・ロヨラにより創始されたイエズス会修道会のテキスト。精神の鍛練法を示している。（イエズス会訳『霊操』欧亜書房、一九三七）

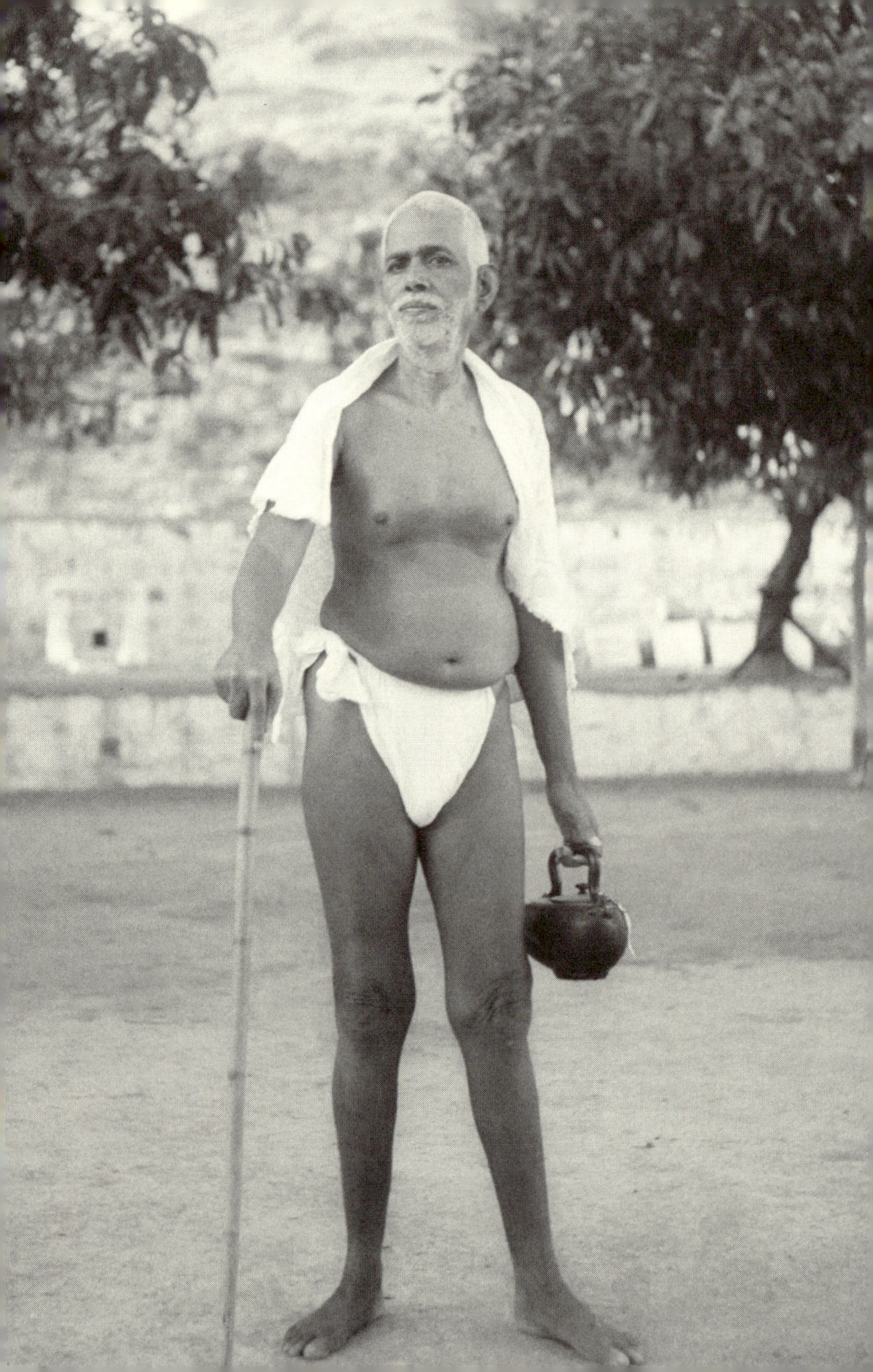

私は誰か

私は誰か

すべての生きものは、いつでも幸福であることを願い、悲惨ではないことを願っている。私たちひとりひとりについて考えてみても、そこに自己への至上の愛があることが認められる。その愛の源はただ一つ、幸福である。人間の自然性である幸福、心のない深い眠りの中で体験される幸福を手に入れるためには、人は自己を知らねばならない。自己を知るためには、「私は誰か」という問いで自己を尋ねる知識《ジュニャーナ》の道が、最も重要な方法である。

1　私は誰でしょうか？

七つの気まぐれな部分（頭部・両手・胴体・生殖器・両足）から成るこの粗大な身体、

私はそれではない。五つの感覚器官、聴覚・触覚・視覚・味覚、そして嗅覚は、それぞれの対象である、音、感触、色や形、味、そして匂いをとらえるけれども、私はそれらではない。五つの能動的な器官、発声・運動・認識・排泄および生殖器官は、それぞれに話すこと、動きまわること、認識すること、排泄すること、楽しむことを機能するが、私はそれらではない。五つの生気[*1]、すなわちプラーナ[*2]その他のものは、それぞれ吸気その他の働きをするけれども、それらは私ではない。ものごとを考える心すらも、私ではない。対象物の印象のみが刻みこまれている無知、そこに対象物も働きかけもない無知もまた私ではない。

2　私がこれらのものでないなら、私は誰でしょうか？

今述べたことのすべてを「これではない」、「これではない」と否定し去った後に、ただひとつ残る自覚、それが私である。

3　自覚の本性は何でしょうか？

自覚の本性は、存在－意識－至福である。

4　自己の実現はいつ得られるのでしょうか？
「見られているもの」である世界がぬぐい去られたとき、「見る者」である自己の実現[*3]がやってくるだろう。

5　世界がそこにありながら（実在としてとらえられながら）、自己が実現されるということはないのでしょうか？
ないだろう。

6　なぜでしょうか？
見る者と、見られている対象物とは、ロープと蛇のようなものである。蛇という間違った知識が消えないかぎり、実体であるロープという知識はやってこない。同じように、実在するものとしての自己の実現は、世界が実在するという信念が消えてしまわないかぎりは得られないだろう。

7　見られている対象物である世界は、いつ消えてゆくのでしょうか？

すべての認識作用と、すべての行動の源である心が静かになったときに、世界は消えてゆくだろう。

8　心の本性とは何でしょうか？

いわゆる「心」と呼ばれているものは、自己の内に住んでいる驚くべき力である。心はすべての想いが起こってくる源である。想いを離れて心はない。それゆえ、想いが心の本性である。想いなくして、世界と呼ばれる独立した実体はない。深い眠りの中では、想いというものはなく、世界もない。眼が覚めている状態、夢を見ている状態には想いがあり、それゆえにまた世界がある。クモが自分の中から糸を出し、それをまた自分の中に引き戻すのと同じように、心はそれ自身から世界を作り出しては、それ自身の内に世界を溶解させる。自己の中から心が現われるときに、世界が現われる。それゆえに、世界が（実在として）現われているときには、自己は隠されている。自己が輝きつつ現われるときには、世界が現われることはない。人が絶えることなく心の本性を尋ねつづけるならば、心は自己を（その残留物として）残して滅するだろう。「自己」という言葉で呼ばれているものは、アートマンである。心はつねに何かしら粗大なものに依存してのみ存在する。それはひとりであることができない。微妙な身体とか個我[*4]（ジーヴァ）と呼ばれているものは、心である。

9 心の本性を知るにはどのような道があるでしょうか？

この身体の内に「私」として立ち現われるものが心である。自分の身体の内のどこに、まず「私」という想いが現われるか調べてみると、それは自分のハートであることが知られるだろう。そこが心の起源の宿る場所である。人が、絶えず「私」「私」と考えていると、いつしかその想いはハートに集められてゆくだろう。心の内に現われる、すべての想いの中の最初のものは「私」という想いである。他の想いはその後にやってくる。第二、第三の代名詞が現われるのは、最初の個人代名詞が現われた後のことである。最初の個人代名詞なしには、第二、第三のものはありえないだろう。

10 どうすれば心は静かになるのでしょうか？

「私は誰か」と尋ねることによって。「私は誰か」という想いは、他のすべての想いを破壊するだろう。燃えている薪《たきぎ》の山をかき混ぜる木の棒のように、やがては「私は誰か」というその想い自身も滅ぼされてしまうだろう。そうすれば自己実現がやってくるだろう。

11　「私は誰か」という想いをつねに持ちつづけるには、どうしたらいいでしょうか？

他の想いが起こってきたときに、その思いを追いかけることをやめ「その想いは誰に起こってきたのか」と尋ねるべきである。どんな想いが起ころうとかまいはしない。想いが起こるたびに「その想いは誰に起こってきたのか」と勤勉に問いつづければよい。その問いに対する回答は「私に」であるに決まっている。そこで、その「私は誰か」と問えば、心は源へ引き戻され、現われ出た想いは静かになるだろう。この方法をくりかえし実修することにより、心はその源にとどまる術《すべ》を見いだすだろう。微細なものである心が、頭脳や感覚器官をとおして外部へ出ると、粗大なものである名前や形が立ち現われる。心がハートの内にとどまっていれば、名前や形は消えてしまう。心を外に出て行かせず、「内在性」——アンタール・ムカと呼ばれているハートの内にとどめておきなさい。心をハートから出してしまうことは「外向性」——バヒール・ムカと呼ばれている。このように、心がハートの内にとどまっているときには、すべての想いの源である「私」は去り、常在の自己が輝くだろう。人が何をするにしても、「私」というエゴ性なしにそれをしなければならない。すべてのことをそのように行なえば、すべてはシヴァ（神）の本性として現われるだろう。

12 心を静かにするその他の方法はないでしょうか？

問う以外に適当な方法はない。他の方法によって心を静めても、心は静められたものとして現われ、力を増して前面に出てくるだろう。例えば、呼吸の制御によって心は静められるが、それは呼吸が制御されている間だけのことであり、呼吸が元に戻れば心は再び活動を始め、潜在しているさまざまな印象に衝き動かされてさまよい歩くだろう。心も呼吸も、その源は同じものである。想いとは、実に心の本性である。「私」という想いが、心の最初の想いであり、それがエゴ性である。エゴ性が生まれ出る同じ場所から呼吸も生まれてくる。それゆえに、心が静かになれば呼吸も制御され、呼吸が制御されれば心も静かになる。けれども深い眠りの中では、心は静かになっているものの、呼吸は停止してはいない。これは、身体が保持されてあるよう、また他者が見て、その人が死んでしまったと思いこまないようにとの、神の意志によるものである。目が覚めている状態およびサマーディ（三昧）にあっては、心が静まっていれば呼吸も制御されている。呼吸は心の粗大な姿である。死のときまでは、心は身体内に呼吸を保つ。身体が死ねば、心は呼吸とともに出てゆく。それゆえに、呼吸制御の実修は、心に静かさを取り戻すための方法、すなわちマノニグラハであって、心を消滅させる方法、マノナーシャではない。

呼吸制御の実修と同じく、神の姿を瞑想すること、マントラ[*5]を唱えつづけること、断食その他の実修は、心に静かさを取り戻すための方法にすぎない。

神の姿を瞑想することや、マントラを唱えつづけることによって、心は一点に集中される。心はつねにさまよいつづけるものではあるが、鼻を鎖でつながれた象が他のものは何もつかまえられないように、神の御名や姿に満たされていれば他の対象には動かない。数知れぬ想いへと心が拡散しているときは、そのひとつひとつの想いは弱いものとなる。それが消えてしまうと心は一点に集中され、強いものになる。そのような心にとって自己を問うことは容易である。これまで述べてきたいろいろな方法の中では、適当な量の清らかな食物を摂《と》るという方法が最上である。これを実践することによって心の清らかさが増し、自己を尋ねる助けになってくれる。

13 対象物から刻みこまれた印象(想い)が、まるで海の波のように限りなく立ち現われてきます。それらのすべてがぬぐい去られるのはいつのことでしょうか?

自己への瞑想が高く高くなるとき、それらの想いは打ち破られるだろう。

14

いわば始まりのない時の彼方からやってくる、対象物によって刻みこまれた印象が溶解し、その後に人が純粋な自己としてとどまるというようなことがありうるのでしょうか?

ありうるかありえないかと思いはかることをやめて、自己への瞑想を持続するべきである。たとえある人が大いなる罪人であっても、「ああ、私は罪人だ。どうすれば救われるだろう」と悩んだり泣いたりするべきではない。人は「私は罪人だ」という想いを完全に棄て去り、鋭く自己の瞑想に集中するべきである。そうすれば確実にうまくゆくだろう。一つは善く一つは悪いという二つの心はない。心はただ一つである。善い悪いの二種類があるのは、刻みこまれた印象世界でのことである。心が善という印象の支配下にあればそれは善と呼ばれ、悪の印象の支配下にあれば邪悪と見なされる。

心は、世間の事物や他者に関することがらにさまよい出さぬよう、戒められなければならない。他者がどのように邪悪であろうとも、彼に対して憎しみを抱かぬようにしなければならない。欲望と憎しみは、二つとも避けなければならない。人が他者に与えるすべては、実は自分自身に与えているのだ。この真理が理解されるなら、他者に施しをしないでいられようか。その人自身が立ち現われれば、すべてが立ち現われ、その人自身が静まればすべては静まる。謙遜を忘れないならば、それに応じてよい結果を見るであろう。心が静寂に帰せば、人はどこにでも住むことができる。

15 「探究」はどのくらいの期間続けられねばならないのでしょうか?

心の中に対象物の印象が残されているかぎりは、「私は誰か」と尋ねなければならない。想いが起こったなら、それはそのときその場で、「問う」ことにより、それの起こった原点において破壊されねばならない。自己が得られるまで、中断することなく自己の黙想に帰りつづけるならば、そのときにのみ想いは破壊されるだろう。城の中に敵がいるかぎり、彼らはつねに反撃しつづけるだろう。敵が現われるたびにそれを滅ぼせば、やがて城はわれわれの手に落ちよう。

16 自己の本性は何でしょうか?

真理の内に存在するものは自己のみである。世界や個々人の人格、そして神は、真珠母貝の銀色の輝きのように、自己の内に現われるものである。これら三つは、同時に現われ同時に消えてゆく。

自己は「私」という想いが絶対にないところにあるものである。それは「沈黙」と呼ばれている。自己そのものが世界であり、自己そのものが「私」であり、自己そのものが神である。すべてはシヴァであり、自己である。

17　すべては神のなせるわざではないのでしょうか？

欲望も決意も努力もなしに太陽は昇る。太陽に照らされて日長石は火を発し、蓮の花は開き、水分は蒸発してゆく。人々はおのおのそのなすべき仕事をし終わったのちに休む。磁力が存在することによって磁石の針が動くように、個々人が三つ[*6]の（宇宙的）機能や五つ[*7]の聖務に支配され、それぞれのカルマに従って行為し、そののちに休むことができるのは、すべてただ神が存在するという美徳によるものである。神は意志を持たず、いかなるカルマも神に力を及ぼすことはできない。それは、世間の行為が太陽に影響力を持たないのと同じであり、すべてに浸透しているエーテル[*8]という実体に、他の四要素が損益勘定を及ぼすことができないのと同じである。

18　帰依者の中では、どのような人が最上でしょうか？

自分自身を神である自己にゆだねきった者が、最もすぐれた帰依者である。自分を神にゆだねるとは、自己という想いの他にはいかなる想いが起こることも許さず、ひたすら自己の内にとどまっていることである。

どんな重荷がかかろうとも、神はそれに耐える。神の至高の力がすべてのものごとを動かしてゆくのに、われわれはなぜその力に身をまかせないのだろうか。なぜわれわれは、何をどうすべきかと思い悩み、何をどうすべきではないかを思い悩むのだろうか。われわれは、汽車がすべての荷物を運んでくれることを知っている。汽車に乗ってまでも、自分の小さな荷物を頭にのせて苦労する必要がどこにあろう。荷物をおろして安心しなさい。

19 無執着とはどういうことでしょうか?

想いが起こったとき、その想いの根をあますところなく完璧に消滅させてしまうこと、それが無執着である。真珠採りは腰に石をしばりつけて海の底に潜り、そこで真珠を採る。私たちは無執着とともに自分自身の内に潜り、自己という真珠を手に入れなければならない。

20 神および師《グル》は、魂の解脱をもたらすことはできないのでしょうか?

神および師《グル》は、ただ解脱への道を示すだけだろう。神やグルは、自分で弟子を解脱の境地に連れてゆきはしない。

神とグルが別のものではないということは、真実である。虎の顎《あご》にくわえられた獲物に逃れるすべがないように、グルの慈悲深い目の内に入った者は、グルによって救われ、見棄てられることはないだろう。けれどもひとりひとりは、神あるいはグルによって示された道を自分自身の努力で追究し、やがて解脱を得ねばならない。人はただ自分自身の知識の目によってのみ、自分自身を知ることができる。他者の目によってではない。ラーマ神がラーマ神であることを知るために、鏡の助けを借りる必要があるだろうか。

21 解脱を願う者にとって、世界の構成要素（タットヴァ）を探究する必要があるでしょうか？

台所のゴミを棄てるのに、その中身が何であるか調べたり分析する必要は少しもない。同様に、自己を知ろうとする者には、世界の構成要素の数をかぞえたりその性質を調べたりする必要はない。彼がしなくてはならないことは、自己を覆い隠しているすべてのものを、構成要素などというものとももどもにぬぐい去ることである。世界はひとつの夢のようなものと見なされるべきである。

22 眼が覚めているのと、夢を見ていることに違いはないのでしょうか？

眼が覚めている状態は長く、夢は短い。この他には何の違いもない。目覚めている間に起こるできごとが真実と思われるように、夢の中のできごとも夢の中では真実のように思われる。夢の中では、心は自分のものではない身体に宿っているかのごとく装っている。眼が覚めている状態と夢の両方の状態にあって、想い、名前、形が同時に現われてくる。

23 解脱を願う者にとって、本を読むことはどんな価値があるでしょうか？

すべての聖典は、解脱を得るためには心を静かに保たねばならないと説いている。だから、すべての聖典の結論は、心を静かに保つべしということである。ひとたびこのことが理解されるなら、際限もなく本を読む必要は何もない。心を静めるために、人はただ、自分自身の内に自己とは何かと問いつづけるべきである。聖典を読むことによっては、この探究はできない。人は自分自身の智慧の目で、自身の自己を知らねばならない。自己は五つ[*9]の覆いの内側にあるが、書物はその外にある。自己は、五つの覆いをはぎ取ることによって探究されるべきものだから、それを書物の中に求めることの愚かしさは、言うまでもない。やがて、彼が勉強したすべてのことを、忘れ去らなくてはならないときが来るだろう。

24　幸福とは何でしょうか？

幸福は、自己の本性そのものである。幸福と自己は別のものではない。世界のいかなる対象物の中にも幸福はない。私たちは無知のゆえに、対象物から幸福を得るものと思っている。心が外に出てゆくとき、悲惨を味わう。心の願いが満たされるときには、実は、心は自身の本来の場所に戻っており、自己である幸福を楽しむのである。同じように、眠りの状態、サマーディ（三昧）、失神状態、あるいは願った対象物が得られたとき、嫌いな対象物が消え去ったときには、心は内面に向かい、清らかな自己－幸福を楽しむのである。心は、このように休むことなく動きまわり、自己から外へさまよい出てはまた元の場所へ帰ってくる。外では太陽が焼け焦げているが、木陰は気持がいい。灼熱の太陽の中を歩いてきた人が、木陰に宿れば涼しいと感じる。木陰からわざわざ太陽の下に出てゆき、また木陰に戻ってくるのは愚かなことである。賢い人は、ずっと木陰に宿りつづけるだろう。そのように、真理を知った人の心はブラフマン[*10]を離れない。無知な心は、その反対に世界をさまよい歩いて悲惨を味わい、つかの間の幸福を味わうためにブラフマンに帰ってくる。実際には、世界と呼ばれているものはただの想いである。世界が消え去り、想いが消え去れば、心は幸福を経験する。世界が現われると、悲惨の中を行く。

25 洞察力（ジュニャーナ・ドゥリシュティ）とは何でしょうか？

静寂にあることが、洞察力と呼ばれているものである。静寂にあるということは、心が自己に溶けていることである。過去のできごとを知ったり、現在や未来のできごとを知るテレパシーや千里眼のようなものは、洞察力（ジュニャーナ・ドゥリシュティ）ではない。

26 無欲と智慧にはどんな関係があるでしょうか？

無欲が智慧である。二つは別のものではない。それは同じである。無欲とは、心がどのような対象物に向かうことも差しひかえることである。智慧とは対象物が現われないことを意味している。別の言い方をすれば、自己以外の何ものも求めぬことが無執着、あるいは無欲であり、自己をけっして離れないことが智慧である。

27　自己探究と瞑想の違いは何でしょうか？

自己探究とは、自己の内に心をとどめておくことである。瞑想とは、自分の自我をブラフマン、つまり、存在－意識－至福であると思いなすことである。

28　解脱とは何でしょうか？

束縛されている自我の本性に尋ね入り、その真実の本性を悟ることが解脱である。

＊1　訳註

生気という語はプラーナというサンスクリット語の訳である。プラシナ・ウパニシャッドによれば生気は、排泄と生殖の両器官を司どる呼気《アパーナ》、眼と耳と口と鼻を司どる生気《プラーナ》(出気)、胴体を司どる等気《サマーナ》、心臓から流れ出て毛細血管に至るまでのすべての血管を司どる介気《ヴィアーナ》、そして人間の善悪の行為によって人を上昇させたり下降させたりする上気《ウダーナ》、の五つに分たれる。この五気(五風とも言う)のすべてを支配するものは、生気としてのプラーナである。これは別のもっと古いターイッティリーヤ・ウパニシャッドに出てくる、人間の自我が生気より成り立っているという説(生気所成我説)を受けて、これを細かに分析したものである。

＊2　訳註

前註の五気の内の一つとしてのプラーナは狭義のものであって、一般的にはプラーナと言えば、すべての生物を支配している生命素としての気を意味している。最古のウパニシャッドと言われるチャンドーギャ・ウパニシャッドによれば「プラーナはまことに希望よりも広大である。例えば、車の輻《や》が轂《こしき》に集中しているように、すべての生物はプラーナによって統一されている」と述べられている。時代が下ってヨーガの行法が盛んになってくると、その中の大切な一要素としてプラーナヤーマ（調息）が設定されるようになる。この場合のプラーナは生気であると同時に呼吸そのものをも意味するようになる。

＊3 訳註

マハルシの言う「自己（Self）」とは、のちに語られているようにアートマンを指す。「真我」と訳されることもある。四七ページ訳註参照。

＊4 訳註

ジーヴァというサンスクリット語は、積極的なよい意味で用いられるときは、魂・霊魂と訳しうるときがあるが、消極的な意味の場合には（その場合が多い）、個我・個体・個性、の意味に使われる。

＊5 訳註

日本語に訳されて「真言」となる。一つの神はその神に特有の真言を持っている。ブラフマーの真言はオームである（六八ページ註1参照）。

＊6 訳註

一般的なヒンドゥーのものの考え方によれば、宇宙は創造神ブラフマーによって創り出され、維持神ヴィシュヌによって維持され、破壊神シヴァによって、破壊される。

＊7 訳註

ヒンドゥー教徒は、日々次の五つの義務を果たさなくてはならない。①ヴェーダの学習（ブラフマンへの供犠）、②水と食物を祖霊に献げる、③ホーマと呼ばれる火を神々へ捧げる、④すべての生き物に食物を与えるバリ供養（鬼霊《ブータ》への供養）⑤来客をもてなす（人間への供養）。この五つを合わせて五大供犠《パンチャヤジュナ》と呼ぶ。

＊8 訳註

一時代前までの物理学は、宇宙空間を満たしているものはエーテルという存在であると見なしていた。これは西洋物理学の概念であるが、サンスクリットではこれに比較される概念としてアーカーシャ（虚空）を持っている。

＊9 訳註

五つの感覚機能、視覚・嗅覚・聴覚・味覚・触覚のこと。

＊10 訳註

ウパニシャッド哲学の時代以来、ヒンドゥー民族にとって究極の存在と考えられてきたもので、和訳されて梵と表記される。マハルシが体得した真理とは、自己（アートマン）即ブラフマンであるという、ウパニシャッド哲学の不二一元論に他ならなかった。

●——ラマナ・マハルシ、21歳の頃

霊的な教え

教え（ウパデーシャ）

1　本当の師《グル》（サットグル）の特徴は何でしょうか？

自己の内にしっかりと定住していること、すべての事柄を平等の目で見ること、いつでもどこでも、そしてどんな環境にあっても、揺ぎない勇気を持っていること、などである。

2　最も熱心な弟子（サットシシャ）の特徴はどんなものでしょうか？

悲しみをぬぐい去って歓喜に至ることを激しく願い、すべての種類の世俗の楽しみを激しく棄て去った者である。

3　教え（ウパデーシャ）とはどのようなことなのでしょうか？

教え（ウパデーシャ）という言葉は、「場所あるいは席の近くにある」という意味を持っている。ウパは「近くに」、デーシャは「場所」または「席」を意味する。サットーチットーアーナンダ（存在－意識－至福）という三語一体が指し示しているものが、肉体の姿をとって現われたものがグルである。弟子は、感覚の対象物にとらわれて自分自身の真実の性質からはぐれ、喜びと悲しみに打ちのめされて苦しんでいる。グルは弟子を自分の近くに引き寄せ、彼がそのような苦しみに沈むのを防ぎ、彼の真実の本性の内に、彼自身をあますところなく確立するよう導くものである。

ウパデーシャとはまた、遠い対象物を間近に示すことをも意味する。弟子が、遙か彼方のものであり自分とは関係のないものと信じこんでいるブラフマンは、すぐ近くにあるものであり、彼自身に他ならぬことが、教えられる。

4　グルは弟子自身の自己（アートマン）である、と言われているのが真実ならば、弟子がどんなに学び、いかなる神秘力を獲得しようとも、グルの恵みなしには自己実現（アートマ・シッディ）に至ることはないと言われているのは、どのような

原理にもとづくものなのでしょうか？

絶対真理の中では、グルの状態はすなわち弟子の状態である。けれども、無知ゆえに個人の人格（ジーヴァ）になってしまっている自己には、グルの恵みなしにその真実の状態あるいは本性を実現することは、大変にむずかしい。

すべての心の問題は、真実のグルがただそこにいるというだけで制御される。もし弟子が、自分は学問の大海の向こう岸に至ったと傲慢に宣言したり、自分はほとんど不可能なことを行なうことができると宣言すれば、グルは彼に尋ねるだろう、「よろしい。お前は学ぶべきことのすべてを学び終えた。それでお前は自分自身を知ることを学んだのかね。不可能に近いことをよくなしうるというお前は、お前自身の自己を見たのかね。」そうすると彼らは頭を垂れて恥かしげに沈黙するだろう。このように、ただグルの恵みによってのみ、そして他ならぬ成就そのものによってのみ、自己自身を知りうることが明らかである。

5 グルの恵みのしるしは何でしょうか？

それは言葉や想いを越えたものである。

6 そうだとすれば、グルの恵みによって弟子は真実の状態を悟る、と言われているのはどういうことなのでしょうか？

それは、夢の中でライオンを見て眼を覚ます象のようなものだ。夢の中でライオンを見ただけで、象が眼を覚ますように、弟子はグルの恵み深い眼差しを受けて、無知の眠りの中から真実の知識の目覚めへと眼を覚ます。

7 真実のグルの本性は、至高の主（サルヴェシュワラ）の本性であると言われているのは、どのような意味なのでしょうか？

真実の知識の状態、あるいは神（イシュワラ）に至らんと願い、つねに信仰に励んでいる人にとっては、その信仰が熟すと、その人の内なる証人であり、その人自身と等しいものである主がお現われになる。主は、その弟子に祝福を与えんがために、慈悲深くも人間の姿と名を帯びて現われ、主の三つの自然性であるサット－チット－アーナンダ（存在－意識－至福）の助けを借りて、その人をして彼自身の内に溶けこませるのである。この原理によれば、グルは真実、主と呼ばれうるものである。

8　それでは、過去において何人かの偉大な人たちが、グルなしで知識に到達したのはどういうわけでしょうか？

ごくわずかの機の熟した人々には、主は知識の光として輝き、真理の目覚めを分かち与えてくださる。

9　帰依（バクティ）の究極は何でしょうか？　またシッダーンタ*（シャイヴァ・シッダーンタ）の道の究極とは何でしょうか？

すべての行為が清められた身体、言葉、心の三つの器官の助けを借りて、非利己的な信仰によって行なわれ、主の召使いという資格において主の働きとなる真理を学ぶこと、それが究極である。それはまた「私が」および「私のもの」という感覚から、自由に独立することでもある。このことは、シャイヴァ・シッダーンティンたちがパラーバクティ（至高の帰依）と呼ぶ真理であり、神に仕えて生きる（イライ・パニ・ニッタル）と呼ぶ真理でもある。

10　知識（ジュニャーナ）の道、あるいはヴェーダーンタの道の究極は何でしょうか？

それは「私」が主（イシュワラ）と異なるものではない、という真理を知ることであり、「自分」がことをなしている（カルトゥリートヴァまたはアハンカーラ）という感覚から自由になることである。

一一　帰依の道と知識の道の究極は同じものであると言われているのは、どういうことでしょうか？

さまざまな言い方があるが、「私が」および「私のもの」という感覚を壊滅させることが究極である。「私が」と「私のもの」の二つはお互いに依存し合っているので、一方を壊滅させればもう一方も滅びる。想いや言葉の彼方にあるあの静寂の状態に至るためには、「私が」という感覚をぬぐい去る知識の道か、「私のもの」という感覚をぬぐい去る帰依の道のいずれもじゅうぶんである。帰依の道と知識の道の究極が一つであり、同じものであることは疑う余地のないことである。

ノート――

「私が」が存在するかぎり、主もまた受け入れられざるをえない。人が、現在失われている至高の自己同一性（サーユジャー）を、容易に回復しようと望むならば、彼はこの結論を受け入れねばならないということが、唯一の正当性である。

12　エゴの特徴は何でしょうか？

「私」という姿の個体がエゴである。知性（チット）の本性である自己は、「私」という感覚をいささかも持たない。生命のない物体もまた「私」という感覚を持たない。知性と生命を持たぬ存在物の中間にある、惑わしのエゴの不可思議な活動が根となって、これらのすべての困難をもたらす。いかなる方法にせよ、そのエゴが破壊されるなら、真実に存在するものがあるがままに見られるであろう。これが解脱（モクシャ）と呼ばれるものである。

＊訳註
ヒンドゥー社会にあっては、ヴィシュヌ神系列の神々、クリシュナ神やラーマ神を信仰する人々をヴァイシュナヴァと呼び、シヴァ神の系列の神々を信仰する人をシャイヴァと呼ぶ。また、ブラフマン＝アートマンという非人格的な実在する真理を追求する道をヴェーダーンタと呼ぶ。一方で、神への愛を中心に信仰をすすめる人々をバクタと呼び、神の知識あるいはブラフマンの知識を自分に実現しようとする人々をジュニャーニの名で呼ぶ。ラマナ・マハルシは主としてジュニャーニの人である。本書の訳出にあたっては、バクティを帰依と訳しているが、それは深い愛を抱いて神に帰依することを意味している（「信愛」と訳されることもある）。ラマナ・マハルシが「自己」と呼んでいるのは二二ページに語られているごとく、アートマンのことであり（「真我」と訳されることもある）、師はヴェーダーンタの道の人であるように見えるが、師がアートマンと呼び、ブラフマンと呼ぶものは、実はシヴァ神そのものである。ヒンドゥー社会の信仰の森は奥深く、一見複雑であるが、基本的にこれらのことを了解されて読み進められたい。

実践（アビャーサ）

1　どんな実践方法があるでしょうか？

自己実現に達しようとする人の自己は、彼自身と異なったものではない。それは、彼によって到達されるはずの彼よりすぐれたものであるわけがない。自己実現とは、ただその人自身の本性を実現することなのだから、解脱を求める人は、一過性のものと永遠のものをはっきり見分けることによって、またけっして自身の本来の姿から逃げ出さないことによって、疑う余地なく例外なく、自分の本性を実現できる。これが、知識の実践として知られていることである。これが、自己実現に導く探究である。

2　この探究の道は、すべての人に適していると言えるでしょうか？

この道は、ただ機の熟した人々にのみ適している。他の人々は、それぞれの心の状態によってそれぞれ別の道をたどるべきであろう。

3　他の道とは何でしょうか？

それらは、①ストゥティ、②ジャパ、③ディヤーナ、④ヨーガ、⑤ジュニャーナ等々である。

①ストゥティ——深い帰依の感情をもって、主の讃歌を歌う。

②ジャパ——神の御名やオーム[*1]のような聖なるマントラを、声に出したり、心の内で唱えることである。

（ストゥティとジャパでは、心はときどき集中され閉ざされ、ときどき拡散され開かれる。これらの方法に従う人にとっては、心の気まぐれということが明らかにならないだろう。）

③ディヤーナ——深い帰依の感情をもって、心の内で神の御名等をくりかえすこと（ジャパ）を意味している。この方法においては、心の状態が容易に理解されるであろう。なぜなら、心は集中したり拡散したりしないからである。人がディヤーナにあるときは、心は感覚の対象物と関係を持たず、心がそれらと関係を持っているときは、ディヤーナの状態ではない。それゆえに、ディヤーナにある人は、あちこちに散る心の気ま

ぐれを見守ることができ、心が他の想いに走るのを停めることによって、心をディヤーナに固定することができる。ディヤーナが完全に行なわれると、心は自己の内に住むようになる（「それ」――タダーカーラ ニライ――の内に住む）。

瞑想《ディヤーナ》は、心の源に非常に微妙に作用するので、心が乱れたり静まったりするのを知覚することは、少しもむずかしいことではない。

④ヨーガ――呼吸の源は、心の源と同じものである。それゆえ、一方を沈静させればもう一方もたやすく沈静する。呼吸制御（プラーナヤーマ）をとおして、心の沈静を実修することをヨーガと言う。例えば、サハスラーラ[*2]（頭の中にある千弁の蓮《はす》の花の座）などの霊的な中心に心を集中し、ヨーギたちはどんな長時間でも自分の肉体を忘れて過ごすことができる。この状態が続くかぎり、彼らはある種の喜びに浸っているように見える。けれども、静まっていた心が現われると（再び活動を始めると）、再び世俗の想いを取り戻す。だから、ディヤーナのような実践法の助けを借りて、心が外部に向かうことのないように訓練する必要がある。そうすればやがて、沈静も動揺もない心の状態に至るだろう。

⑤ジュニャーナ――ディヤーナあるいは問いかけの道（ヴィチャーラ）の実践を絶えず続けることにより、心が自己の姿に帰し、その働きがなくなってしまうことである。心

が絶えてしまうとは、あらゆる努力がいらなくなった状態を言う。この状態に確立された人たちは、けっしてこの真実の状態から逃れようとはしない。「沈黙」(マウナ)という言葉と無行動という言葉は、この状態に関してのみ使われる言葉である。

ノート——

① すべての実修方法は、ただ心を集中させる目的で実践される。思い出したり忘れたり、愛したり憎んだり、魅惑したり見捨てたり等のすべての心の活動は、心の様々な状態であって人の本来の状態ではない。単純で不変な状態が人の本来の状態である。それゆえに、人の在り方の真理を知り、そのように在ることが束縛からの解放であり、結び目を解くということである(グランティ・ナーシャム)。心がこのような寂滅状態にしっかり確立されるまでは、実修者たるものは自己の内に在りつづける修行をし、さまざまな想いに心を汚さぬように努めなければならない。

② 心の力を克服する実践法はたくさんあるけれども、そのすべては同じ終わりに到る。人が何かの目的に心を集中すれば、やがて心の乱れは停まり、結局その目的だけが残される、という例はよく見られることである。これはうまくいった瞑想(ディヤーナ・シッディ)と呼ばれている。問いかけの道を行く人たちは、その探究の終わりに残された心がブラフマンであることを悟る。瞑想による実践をする人たちは、瞑想の終わりに残されたものは瞑想の対象物であることを悟る。いずれの場合も結果は同じだから、発願者たるものは、終着点に

着くまでどちらの方法にせよ絶えることなく実修する義務がある。

4 「静かな」状態とは、努力が必要な状態なのでしょうか、必要のない状態なのでしょうか？

それは、怠惰な無努力の状態ではない。ふつう、努力と呼ばれているこの世のすべての活動は、心の一部の助けを得て行なわれ、しばしば中断される。自己に関係する行為（アートマ・ヴィヤヴァハーラ）、あるいは内面において静寂を保つという行為は、心のすべてをもって行なわれる激しい活動であり、中断されることはない。他のどのような方法によっても打ち壊すことのできないマーヤー（幻惑あるいは無知）は、「沈黙」（マウナ）と呼ばれている激しい活動によって完璧に打ち壊される。

5 マーヤー（幻惑）の本性は何でしょうか？

マーヤーとは、つねにどこにでも存在し、すべてに沁みわたっており、それ自身で輝いている自己、実在を、あたかも存在しないもののごとくに思いこませるものである。マーヤーとはまた、存在するものは個体（ジーヴァ）であり世界（ジャガト）であり、したがって神（パラ）はこれまでいつでもどこでも存在してこなかったと証明するものである。

6 自己はみずから全的に輝いているのに、すべての人々が世俗の対象物を見るように、明らかに見ることができないのはなぜでしょうか？

それが何であれ、一定の対象物が認知されるならば、それらの対象物の内に形をとったそれ自身を認知するのは自己である。というのは、知識あるいは自覚の名で呼ばれているものは、自己の能力（アートマ・シャクティ）にすぎないからである。自己が唯一の知覚しうる対象物である。自己以外には何もない。もし自己以外の何ものかがあるとすれば、それらはすべて知覚能力がなく、それら自身を知ることもお互い同志を知り合うこともできないはずである。人々が個我という姿で生（と死）の大海にあってもがき苦しんでいるかのごとく見えるのは、人々はこのような様態にあるその真の本性を知らないからである。

7 主はすべての内に遍在しているにもかかわらず、「恵みによって与えられる」と称えられている道をとおして、つまり、彼の恵みをとおしてのみ知られることができます。主の恵みが与えられない場合には、どうすれば自分の力によって自己実現することができましょうか?

主は自己を意味し、恵みは主の存在あるいは顕現を意味しているので、主が知られないままに過ぎることはけっしてない。フクロウに太陽の光が見えないとしても、それはフクロウの欠点であって太陽のせいではない。同じように、つねに目覚めてある本性の自己に無知で、眠りつづけている人がいるとしても、それはその人自身の欠点に他ならない。どうして自己の欠陥でありえよう。恵みとは、「祝福された恵み」という言葉であまねく知られているように、彼、主の本性そのものだからである。それゆえに、その本性そのものが恵みである主は、恵みを与えねばならぬということはないし、恵みを与える特別の時があるわけでもない。

8 自己は身体のどの部分に宿っているのでしょうか?

一般には、胸の右側にあるハートの位置とされている。というのは私たちがふつう自分自身について話すときには、胸の右側を指さすからである。ある人はサハスラーラ(頭の千弁の蓮華座)がその住処《すみか》だと言う。しかしそれが事実だとすれば、私たちが眠るときや気絶するときに、頭をがくりと垂れるはずはない。

9　ハートの本性は何でしょうか？

そのことについて、聖典は次のように述べている。
「両乳の間、胸の下方、お腹の上方に、色の異なった六つの器官がある（チャクラとは異なる）[*3]。その内の一つで、水仙の花のつぼみに似た形をしていて、指二本分だけ右側に位置しているのがハートである。それは花を伏せた形であり、その内部には深い暗闇（無知）の座である小さな穴があり、欲望に充ちている。すべての神経系列（ナーディ）はここに源を発している。それは生命力の住処であり、心と（意識の）光の住処である。」

このように述べられてはいるけれども、そのハート（フリダヤム）という言葉の意味は、自己（アートマン）である。それは、存在、意識、至福、永遠、充実（サット、チット、アーナンダ、ニチャム、プールナム）の言葉によって示されるけれども、内と外、上と下のような違いはまったくない。すべての想いが終滅した静かな状態が自己と呼ばれている。それがあるがままに実現されるなら、その位置が身体の内側にあるか外にあるかなどの議論をする余地はない。

10　外的なものごととの関係は断っているのに、心の内にさまざまな想いが湧き起こるのはなぜでしょうか?

それらの想いは心の潜在的な傾向（プールヴァ・サムスカーラ）に原因がある。それらの想いは、自らの本性を忘れて外面へさまよい出てしまった個々人（ジーヴァ）の意識にとってのみ現われる。一定のものごとが知覚されたなら、いつでも「それを見ている者は誰か」という問いがなされねばならない。そうすれば、想いはただちに消滅するだろう。

11　深い眠りやサマーディ（三昧）にあっては存在しない、三つの要素（知る者、知られるもの、知識）は眼が覚めているときや夢を見ているときにどのようにして自己の内に現われてくるのでしょうか?

次のように連続して自己の中から現われてくる。
①チダーバーサ（反映された意識）――一種の光明として。
②ジーヴァ（個人意識）、あるいは見る人、あるいは最初の概念として。
③現象、つまり世界として。

12 自己は、知識および無知という見解からは独立していると言われています。それなのに自己が感覚のある姿で全身体にゆきわたり、感覚に感覚する力を与えているとどうして言えるのでしょうか？

賢い人は言っている。

自己と、さまざまな心理的な神経系の源の間にはひとつの関係があり、それがハートの結び目である。感覚力のあるものとないものとの関係は、真実の知識の助けを借りて切り離されるまではひきつづき存在する。電気の眼には見えない微細な力が電線を流れてゆき、多くの有益な働きをするように、自己の力は心理的神経系をとおして全身にゆきわたり、感覚器官に感覚の力を与える。ハートのその結び目が切断されると、自己はそのすべての属性をぬぐい去って、あるがままの常の状態に立ち帰る。

13 純粋な知識である自己と、関係的な知識である三要素（知る者、知られるもの、知識）との間に、どのようにして関係ができるのでしょうか？

それはいわば、次に示す映画の仕組みのようなものである。

	映画	自己
①	内部の電燈（装置）	自己
②	電燈の前にあるレンズ	自己に密着した清らか（サットヴィック）な心
③	シーンの連続からなるフィルム	微細な想いの集まりから成る潜在的な傾向性の流れ
④	レンズを光が通過し、電燈とともに光の焦点を形成	心はその反映および自己とともに、見る者、つまりジーヴァを形成
⑤	光はレンズを通過してスクリーン上に映される	自己の光は感覚をとおして心の中から現われ、世界に投影される
⑥	さまざまな映像がスクリーン上の光の中に現れる	さまざまな形や名前が、世界の光の中に知覚される事物として現れる
⑦	フィルムを活動に変えるメカニズム	心の潜在的な傾向性を表出する聖なる法

フィルムがレンズをとおしてその影を投げかける間は、スクリーン上に像が映されるのと同じく、潜在的な心の印象があるかぎりは、夢を見ている人や眼が覚めている状態の人には現象世界が現われつづけるだろう。レンズがフィルム上の小さな点を巨大な像に拡大し、一瞬の内に数知れぬ像を映し出すように、心は、新芽のような小さな傾向性を大木のような想いへと拡大し、一瞬の内に数知れぬ世界の姿を見せる。さらにまた、フィルムがなければそこには電燈の光があるだけなのと同じく、潜在的な傾向性からなる心の諸概念がない深い眠りや気絶した状態やサマーディにあっては、三つの要素（知る者、知られるもの、知識）はなくてただ自己のみが輝く。電燈がレンズその他を照らし映し出しながら、自らは何の影響もそこから受けないように、自己はエゴ（チダーバーサ）その他を映し出しつつ自らはそこから何の影響も受けない。

14　ディヤーナ（瞑想）とは何でしょうか？

瞑想とは、自分の本性からけっしてそれず、自分が瞑想しているという感覚もなく、自己として在ることである。この状態にあっては、人は、（眼が覚めているのか眠っているのかという）意識区別をまったくなくしているので、眠っていてもディヤーナにあると見なされる。

15　ディヤーナとサマーディの違いは何でしょうか？

ディヤーナは、慎重な精神的な努力をとおして得られるが、サマーディにおいてはそのような努力は必要ない。

16　ディヤーナにおいて心せねばならぬことは何でしょうか？

自己（アートマ・ニシュタ）の内に確立された人にとって大切なことは、その没我状態からけっして動いてはならないということである。その真実の状態からそれると、彼は眼の前に光り輝くものを見たり、常ならぬ物音を聞いたり、彼の内部や外部に現われる神々のヴィジョンを事実と見なしたりするようになる。彼はそのようなものに欺かれてはならず、彼自身を忘れてはならない。

ノート――

①自己以外の対象物について想い煩い、無駄に過ごされる多くの時間が、自己を尋ねることに費やされるなら、自己実現は非常に短い時間のうちに達せられるだろう。

②心が、その源に確立されるようになるまでは、ある種のバーヴァナー（深い情感と宗教的な感情をこめて人格神や女神を黙想すること）が必要である。そうしないと心は、しばしば邪《よこしま》な想

いや眠気に襲われるだろう。

③「私はシヴァである」とか「私はブラフマンである」と黙想する、バーヴァナーは、ニルグノーパーサナ（属性なきブラフマンの黙想）と呼ばれるものであるが、すべての時をこの実修にのみ費やしてはならない。このようなウパーサナ（黙想）の結果として精神の力が獲得されたら、すかさず自己自身を尋ねる道が実修されなくてはならない。

④この実修（サーダナ）の優れている点は、ただひとつの精神的概念（ヴリッティ）も残さずに、消滅させることである。

17 実修者（サーダカ）が従わねばならぬ規則は、どのようなものでしょうか？

適度の食事、適度の睡眠、そして適度の会話である。

18 人はいつまで修行しなくてはならないのでしょうか？

心が諸概念から解放され、容易にその自然状態にとどまっておられるようになるまで。つまり「私が」と「私のもの」という感覚がまったくなくなるまで、である。

19 独住すること（エカーンタヴァーサ）の意味は何でしょうか？

自己はすべてに浸透しているものであり、独住者のための特別の場を用意してはいない。心の諸概念から解放された状態が「独住」と呼ばれているものである。

20 智慧（ヴィヴェーカ）のしるしは何でしょうか？

ひとたび真理を悟れば、その後には惑いのない美しさが残される。至高のブラフマンにわずかでも違和感のある人には、恐怖がある。身体が自己であるという考えがあるかぎりは、彼が誰であろうと、真理の実現者ではありえない。

21 すべてはカルマ（プラーラブダとも言う。その人の過去の行為の結果）によって起こるとすれば、瞑想（ディヤーナ）の障害物を克服するにはどうすればよいのでしょうか？

プラーラブダは、内に向かった心には関係せず、外に向かう心にのみ関係を持つ。実在する自己を探究する者は、いかなる障害も恐れないだろう。

22 自己（アートマ・ニシュタ）の内に確立されるには、苦行（サンニャーサ）は必要条件のひとつでしょうか？

身体への執着をなくするためになされる努力は、自己に近い状態であると言うことはできる。身体への執着を完全にぬぐい去るものは、自己探究および思考の成熟のみであり、人生[*4]の諸段階（アーシュラマ）、例えば学生期（ブラーマチャリア）などではない。なぜなら、執着は心のものであり、人生の諸段階は身体に属するものだからである。身体的な場が、どうして心のものである執着をぬぐい去ることができよう。思考の成熟と自己探究は心にかかわるものだから、この二つだけが、同じ心の一部分を探究しつづけることによって、執着を取り除くことができる。執着とは、無思慮をとおして心の内に入りこんでしまったもののことである。

苦行期（サンニャサーシュラマ）に入ることとは、冷静さ（ヴァイラーギャ）を獲得するための方便であり、冷静さは自己探究のひとつの方便であるから、苦行期に入るということは、冷静さをとおして探究の道に入るという意味においては尊重されてよいだろう。しかし、それに適しているかいないかはっきりしないうちに、苦行期に入って命を無駄にするよりは、家住者の生活を送る方がよい。心を、その真性である自己の内に確立するためには、それを空想（サムカルパ）および疑念（ヴィカルパ）という家族から分離することが必要である。それはつまり、心の内なる家族（サムサーラ）を放棄することであり、それが本当の苦行である。

23 「私が－行為者－である」という考えが少しでもあるかぎり、自己知識を得ることはできない、という定言があります。家住期にありながら自己に至りたいと願う者にとって、日々の勤めをこの考えなしに遂行することができるものでしょうか？

行為は、行為者であるという想いに依存せねばならぬという規則はない。ある行為が、行為者という想いや、為すという想いなしに行なわれたとしても、そこには何の問題もない。例えば財務省の事務官は、他者の眼には一日中注意深く責任感に満ちて仕事をしているように見えるが、彼は「このお金のすべては自分とは実は何の関係もない」と考えつつ、何の執着も熱狂もなしに、自分の務めを果たしているだけであろう。それと同じように賢明な家住者は、過去の自らのカルマによって引き当てた運命であるさまざまな在家の義務を、もう一方の手の内にある道具のように執着なしに果たしてゆけばよい。行為と自己知識とは、お互いに障害になり合うものではない。

24 自分の身体的な快適さに心をとどめない賢明な家住者とは、その家族にどんな利益になるでしょうか？　また家族は彼にとっていかなる利益があるでしょうか？

過去のカルマにより、もし彼が身体的な快適さにまったく心をとどめない者であるとしても、その家族は彼の努力によって生計を立ててゆかねばならない。彼は他者に奉仕する者と見なされてよいだろう。一方賢明な彼が、家庭のもろもろの義務を果たすことによって何らかの利益を得るかと問うのであれば、答えは次のようになるだろう。つまり、彼はすでにすべての利益の総計でありすべての内の最高のものである、完全な満足という状態に達しているのだから、それ以上の何を得ることも望むはずはない。

25 絶え間のない活動性ということがその本性である、家住者の義務のさなかにあって、どうすれば活動性の中止（ニヴリッティ）、心の平和が得られるでしょうか?

賢い人の活動性は、ただ他人の眼にそう見えるだけで彼自身の内にはない。彼は大きな仕事をなしつつあるように見えるが、実は何もしていない。彼の活動性は、無行為や心の平和の道には立脚していない。なぜなら彼は、すべての活動性は彼の単なる存在の中で行なわれており、自分は何もしてはいないという真理を知っているからである。彼は、すべての活動性が行なわれるのを眺める、沈黙の証人としてそこに在るだろう。

26 聖者も、その過去のカルマが現在の活動の源になっているわけですが、彼の現在の活動によって起こる印象（ヴァーサナ）は、未来においてやはり影響力を持つものでしょうか？

すべての潜在的傾向性（ヴァーサナ）から自由になった人だけを、聖者と言う。活動性にまったく影響を受けない者が、どうしてカルマに縛られようか。

27 ブラーマチャリアの意味は何でしょうか？

ただブラフマンを探究すること、そのことのみがブラーマチャリアと呼ばれるべきである。

28 人生の四住期（アーシュラマ）に従ってブラーマチャリアを実践することは、知識を得る方法でしょうか？

学生期（ブラーマチャリア）には、感覚の制御等の知識のためのさまざまな方法が課されているので、学生期の者（ブラーマチャーリン）がそれを正しく実践することは、進歩のために大変役に立つものである。

29　人は、学生期（ブラーマチャリア）からいきなり苦行期（サンニャーサ）に入ることができるでしょうか？

その資格のある人は、ブラーマチャリア等の決められた道を形式的に歩いてゆく必要はない。自己を実現した人には、人生の四住期の区別はない。どの住期も、彼の助けにはならず妨げにもならない。

30　修行者（サーダカ）が、カーストや四住期の決まりを無視すると、失うものがあるでしょうか？

知識を達成すること（アヌシュターナ）は、他のすべての行ないの至高の目的である。四住期のいずれかにあり熱心に知識を求める人にとっては、その住期に定められた規則に従わねばならぬということはない。カーストや四住期の規則に従うことは、世間の良識に従うということである。それを守ったからとて何の恵みもないが、破ったからとて失うものは何もない。

＊1 訳註
「オーム」というのは音《おん》である。宇宙はオームという音から成っている。オームはそれゆえにブラフマンそのものである。仏教をとおして和訳されて「唵」と表記される。
＊2 訳註
ヨーガによれば、人間の脊柱に沿って尾骶骨から頭頂まで七つのエネルギーの中心（チャクラ）がある。ムーラーダーラ・チャクラは尾骶骨の位置に当り、ここに根本エネルギーである女神クンダリーニが眠っている。生殖器、へそ、心臓、のど、眉間の位置へとクンダリーニが眠覚めて昇り、最後の頭頂の位置であるサハスラーラの座に昇りつめると、その人はサマーディ（三昧）あるいはニルヴァーナ（涅槃）に入る。サハスラーラは千枚の花弁を持つ蓮《はす》の花の座とされており、そこにクンダリーニ女神が昇るということは、瞑想者自身がその座に昇ることを意味している。
＊3 訳註
「チャクラ」とは本来「輪」を意味する。仏陀が法輪を転じた（法を説いた）ときの法はダルマ、輪はチャクラである。しかし、ここで言うチャクラは前註に示したように、脊柱基底部から頭頂部まで七つあるとされるエネルギーの中心である。
＊4 訳註
ヒンドゥー社会にあっては、人の生涯は四段階に分かたれねばならぬとする人生観が今なお残っている。①学生期＝ブラーマチャリアと呼び、厳密に禁欲して勉学、修行に励む。②家住期＝結婚して子どもを育てつつさまざまな社会的義務を果たす。③林棲期＝子どもが成人して結婚し孫が生まれると、家を子どもに譲り引退、森林等、静かなところに住む。④苦行期（あるいは遊行期）＝妻をも棄ててただひとり、人生の完成を目ざして乞食の旅に出る。この時期をサンニャーサと呼び、この時期に入った人をサンニャーシンと呼ぶが、日本の出家のように、若くしてサンニャーシンになることもできる。

経験（アヌバーヴァ）

1　意識の光とは何でしょうか？

それは、自己発光する存在－意識であり、人の内部および外部にある名前と形の世界を見せる当事者である。この存在－意識という存在は、それによって照らし出される対象物によって推し測ることができるが、意識の対象物にはならない。

2　知識（ヴィジュニャーナ）とは何でしょうか？

それは存在－意識の静まりかえった状態であり、それを熱望する者によって経験されるものであり、波ひとつない海のようなものであり、動かぬエーテルのようなものである。

3　至福とは何でしょうか？

すべての活動性が絶えた知識（ヴィジュニャーナ）の状態における喜びあるいは平和の経験であり、深い眠りに似ている。これはケヴァラ・ニルヴィカルパ（何の概念もなしに在ること）とも呼ばれている。

4　至福を越えた状態とはいかなるものでしょうか？

それは、止むことのない心の平和であり、心の完璧な静止状態において見いだされる。それは、ジャグラット・スシュプティ（目覚めた眠り）と呼ばれ、非活動の深い眠りに似ている。この状態にあっては、身体や感覚は活動しているが、お母さんが食物を与えてもそれに気づかずに眠[*1]っている子どものように、外的な知覚は何もない。この状態にあるヨーギは、何かやっていても何もしてはいない。この状態はまた、サハジャ・ニルヴィカルパ・サマーディ（知覚を失って自己に溶解した自然状態）と呼ばれる。

5　すべての動きつつあり、また動かぬ世界は、自己自身に依存していると言われる根拠は何でしょうか？

自己は具現した存在を意味している。あらゆる対象物が経験されるのは、深い眠りの状態に潜在していたエネルギーが、「私」という意識とともに立ち現われた後のことである。自己は、すべての知覚の内なる知覚者として存在する。「私」が不在であれば、見られるべき対象物は何もない。これらの理由から、すべては自己より出で、自己に帰ってゆくということが、疑う余地なく言われる。

6 身体およびそれに生命を与える自我は、どこででも現実に無数に見ることができます。それなのにどうして自己が唯一者と言えるのでしょうか？

「私は身体である」[*2]という考えが受容されるならば、自己は多様である。この考えがやがて消えてしまった状態が自己であり、その状態にあっては他の対象物は存在しない。自己が唯一者と見なされるのはこのためである。

7 ブラフマンは心によってとらえられるが、それと同時に、心によってはとらえることができないと言われています。その根拠は何でしょうか？

ブラフマンは、不純な心によってはとらえることができないが、純粋な心によってとらえることができる。

8　純粋な心とは何でしょうか？　不純な心とは何でしょうか？

定義することのできないブラフマンの力が、自身をブラフマンから分離し、チダーバーサすなわち意識の反映と結合してさまざまな形をとるとき、それは不純な心と呼ばれる。それが識別をとおして意識の反映から解放された（アーバーサ）とき、純粋な心と呼ばれる。純粋な心がブラフマンと結合した状態を、心がブラフマンをとらえたと言う。意識の反映とともにあるエネルギーは不純な心と呼ばれ、ブラフマンから分離したその心の状態は、ブラフマンをとらえることができない。

9　この身体の終わりまで続くと言われているカルマ（プラーラブダ）を、身体があるままに克服することができるでしょうか？

できる。カルマがそれに依存している行為者は、エゴと呼ばれ、身体と自己の間に立ち現われる。そのエゴがその源に溶けて姿を消してしまえば、それに依存しているカルマだけが生きのびることはありえない。それゆえ「私」のないところにはカルマもない。

10　自己は存在であり意識であるにもかかわらず、それを存在とも非存在とも異なるものと述べ、感覚あるものとも無感覚のものとも異なっていると述べるのは、どういうわけなのでしょうか？

自己は実在でありながらすべてを包含するものなので、その実在および非在の二元性を含む質問を受け入れる余地がない。それゆえに実在とも非在とも異なるものと言われている。同様に、それは意識ではあるけれども、それ自身は知るべきものは何もなく、知らしめる何ものもないので、感覚するものともしないものとも異なっていると言われている。

＊1　原註
眠っている子どもが食べたり飲んだりする行為は、他者の眼にそう映るだけで、本人はそのことに気づいていない。それゆえ、見かけとは別に、その子どもは実際には何の行為もしていない。

＊2　原註
人がその人の身体であるという考えは、いわゆるフリダヤ・グランティ（ハートの結び目）と呼ばれているものである。すべての結び目の中でもこれは特別に、意識あるものと無意識のものとを結び合わせて、束縛を生じさせるものである。

達成（アールダー）

― 知識を達成した状態とはどのようなものでしょうか？

自己の内に、努力せずして堅固に在る状態である。自己と一つのものになった心は、どんなときにも再び以前のように立ち現れることはない。すべての人々は、自然にいつでも「自分は山羊ではなく、牛ではなく、その他の動物でもなく、人間である」と思っている。それと同じように、知識を達成した人は、自分の肉体について想いを馳せるときでも「この自分は身体とともに始まる原理（タットヴァ）ではなく、音声（ナーダ）とともに終わるものでもなく、存在―知識―至福の自己である」と思っている。このように自分を本来の自己―意識（アートマ・ブラジュニャー）と知るとき、人は堅固な知識に到達したと言われる。

2 聖者(ジュニャーニ)は、知識[*1]の七つの段階(ジュニャーナ・ブーミカ)のどこに属するのでしょうか?

彼は第四番目に属する。

3 だとすれば、その後にさらにすぐれた三つの段階があるのはなぜでしょうか?

第四段階から第七段階までは、それぞれ解脱した人(ジーヴァンムクタ)の個々の経験による違いである。これらは、知識および解放の段階ではない。知識と解放に関するかぎり、これらの四段階にはいかなる違いもない。

4 解放は四段階のすべての人に共通に与えられているのに、なぜヴァリシュタ(最もすぐれた段階)だけが過分に称讃されるのでしょうか?

ヴァリシュタに共通の至福経験に関して言えば、彼はただその前世に得られた特別の美徳によって称讃される。

5 絶えることのない至福を望まぬ者はないのに、すべての聖者(ジュニャーニ)がヴァリシュタまで行かないのはなぜでしょうか？

そこには単なる努力や願いによって到りうるものではない。カルマ（プラーラブダ）がそれを決める。エゴは、第四段階においてすでにその源とともに死滅している。その上まだ何かを願い、努力する必要はない。努力しているかぎりは、彼はまだ聖者（ジュニャーニ）ではない。聖典（シュルティ）はヴァリシュタについて特別扱いをしているが、他の三段階の人々が無明の人だとは言っていない。

6 ある聖典では、至高の状態にあっては感覚器官と心は完全に打ち壊されると言っています。それでは、その状態にあっては身体と感覚による経験がどうして可能なのでしょうか？

もし聖典が言うとおりだとしても、その状態と深い眠りの状態は同じものにちがいない。あるときには肉体感覚が存在し、あるときは存在しないなどということは、自然な状態ではありえない。前にも述べたように、深い眠りに似た感覚も心もない状態は、ある人々には、その人のカルマ（プラーラブダ）に従って、しばらくの間か、死ぬまで続くこともありえる。けれども、それを究極の状態と見なすのは適当ではない。もしそれを究極の状態だと言うなら、[*2]ヴェーダやヴェーダーンタ（ジュニャーナ・グランタス）の聖典を著わした偉大な魂たちや神々は、無明の人だったことになる。至高の状態が、感覚も心も存在しない状態であり、それらが存在すれば至高の状態ではないと言うなら、それは完全な状態（パリプルナム）とは言いがたい。ただカルマのみが、聖者の活動性と非活動性に影響力を及ぼす。偉大な魂たちは、サハジャ・ニルヴィカルパ（概念のない自然状態）のみを究極状態であると述べている。

7 ふつうの眠りと、目覚めた眠り（ジャーグラット・スシュプティ）の違いは何でしょうか？

ふつうの眠りには、何の想いもなく自覚もない。目覚めた眠りには自覚だけがある。そのため、眠りながら目覚めていると呼ばれる。それは、その内に自覚のある眠りである。

8 自己が、四番目の段階（トゥリーヤ）とも四番目を越えた段階（トゥリーヤーティタ）とも呼ばれるのはなぜでしょうか？

トゥリーヤとは四番目を意味する。眼が覚めている状態、夢を見ながら眠っている状態、深い眠りの状態、この三つはそれぞれヴィスヴァ、タイジャサ、ブラジュニャーと呼ばれているが、これら三つの状態を行ったり来たりさまよっている人（ジーヴァ）は、自己ではない。自己は、これら三つの状態にはなく、それらの状態の目撃者である。それゆえに四番目（トゥリーヤ）と呼ばれる。このように呼ばれるのは、今まで述べたことを明確にするためである。このことが知られると、三つの段階のさまよいは消え、自己がその目撃者であるという考えも、四番目であるという考えも消える。これが、自己が四番目の彼方のもの（トゥリーヤーティタ）と述べられる理由である。

9　聖者は聖典（シュルティ）から何を学ぶのでしょうか？

それらの聖典に述べられている真理の具現者である聖者には、それらは何の役にも立たない。

10　超自然力（シッディ）を得ることと、解脱（ムクティ）を得ることとは何か関係があるでしょうか？

光明に満ちた問いかけの道だけが解脱に導く。超自然力はすべて、マーヤーの力（マーヤーシャクティ）によって作り出される見せかけの幻である。永遠のものである自己実現だけが真実の成就（シッディ）である。マーヤーの影響のもとに、現われたり消えたりする成就は、真実ではありえない。それは名声や歓楽などを楽しむための成就である。ある人々には、それはカルマをとおして求めずともやってくる。ブラフマンとの結合が、すべての成就の最終目的であると知りなさい。これが結合（サーユジャ）として知られている解脱（アイキャ・ムクティ）の状態である。

11　それが解放（モクシャ）の本性だとすれば、いくつかの聖典が解放と身体に関して、個我はその身体を離れぬときにだけ解放に到ることができる、と言っているのはなぜでしょうか？

解放とその体験の本性について考察されねばならないのは、束縛が実在している場合だけである。自己（プルシャ）に関するかぎり、その四つの状態のいずれにも束縛はまったくない。束縛というのは、ヴェーダーンタ大系の強調された断言にもとづいた、言葉の上の仮定にすぎない。束縛が存在しないのに、どうして束縛の問いに依存した解放への問いがありえよう。この真理を知らずに束縛と解放の本性を尋ねることは、石女《うまずめ》の息子の背の高さや容姿、野ウサギの角を尋ねるようなものである。

12　もしそうなら、聖典の中に述べられている束縛と解放についての記述は、的はずれであり虚偽であるということにならないでしょうか？

いや、そうではない。そうではなくて、記憶の果ての先から積み重ねられてきた、無知によって作りあげられた束縛という惑わしは、ただ知識によってのみぬぐい去られるということであり、その目的のためにつねに「解脱（ムクティ）」という言葉が受容されてきたのである。それがすべてである。解脱の特性について、聖典によっていろいろ違った言葉で述べられているという事実が、それが想像上のものにすぎないことを証明している。

13 もしそうなら、学んだり（聞いたり）反省したりするなどのすべての努力は、無益なことになるのではないでしょうか？

いや、そうではない。束縛もなければ解放もないという固い確信が、すべての努力の至高の目標である。直接体験によって、大胆にも束縛も解脱も存在しないと知るこの目標は、今言う訓練の助けなしには到達しうるものではない。それゆえ、それらの努力は有益である。

14 束縛もなければ解脱もないと言われていることには、何か典拠となるものがあるのでしょうか？

このことは聖典に根拠があるだけでなく、体験の力によって決定されてある。

15　それが体験されるとすれば、どのようにしてでしょうか？

「束縛」、「解脱」というのは言語学上の単語にすぎない。それら自身では何の実在性も持っていない。だから、それらは自ら機能することはできない。それらは修飾的なものであり、根本的なあるものがその背後に存在していることを認める必要がある。人がもし「誰に対して束縛と解脱が存在するのか」と問うなら、「私に対して」と了解されるだろう。そこで人が「その私は誰か」と尋ねるならば、「私」というものは全然存在しないことが了解されるだろう。そして、手の上にあるアーマラカの実のようにはっきりと、そこに残されたものが自己の真実の存在であることがわかるだろう。この真理は、単なる言葉の上の議論を棄てて自己自身の内面に尋ね入った人には、自然に明らかに経験されるものである。すべての自己実現者が、真実の自己に関するかぎりは束縛も解脱もないと一様に了解するのは、疑う余地のないところである。

16　束縛も解脱も本当にないとすれば、喜びや悲しみの現実的な経験があるのはどういうわけでしょうか？

喜びや悲しみは、人がその本性を離れたときにのみ事実として現われてくる。それらは真実に存在するものではない。

17 その精密なものが自分の本性であるということを、すべての人が疑いなく直接的に知ることができるでしょうか？

疑う余地なく、できる。

18 どうすればできるでしょうか？

深い眠りにあるときや気絶したときには、全世界、動いている世界や停まっている世界、大は地球から小は表現できないほどのもの（プラクリティ）までのすべてが消滅するが、その人自身は消えてしまうわけではない。このことはすべての人々が経験するものである。すべての人々に共通の純粋な存在状態、そしてすべての人々によってつねに直接的に体験されている状態が、その人の本性である。無知の状態と同じく悟りの状態にあって、そこで経験されるすべてのことがらは、新しい人により新しい言葉で述べられるだろうが、それらは人の本性とは反対のものである。これが結論である。

＊1　原註

知識の七つの段階（ジュニャーナ・ブーミカ）とは以下のとおり。

①シュベッチャー＝光明への発願

②ヴィチャーラナ＝探究

③タヌマーナサ＝微細な心

④サトワーパティ＝自己実現

⑤アサンシャクティ＝無執着

⑥パダールターバーヴァナ＝対象物を認識しないこと

⑦トゥリヤーガ＝超越

このうち、終わりの四つのブーミカに到った人はそれぞれ、⑦ブラーマヴィッド・ヴァリシュタ、⑥ブラーマヴィッドヴァリア、⑤ブラーマヴィットヴァラ、④ブラーマヴィッド、と呼ばれる。

＊2　訳註

ヒンドゥー社会にあって最高の権威を持つ聖典は、ヴェーダおよびその終結部でヴェーダーンタと呼ばれるウパニシャッド聖典である。

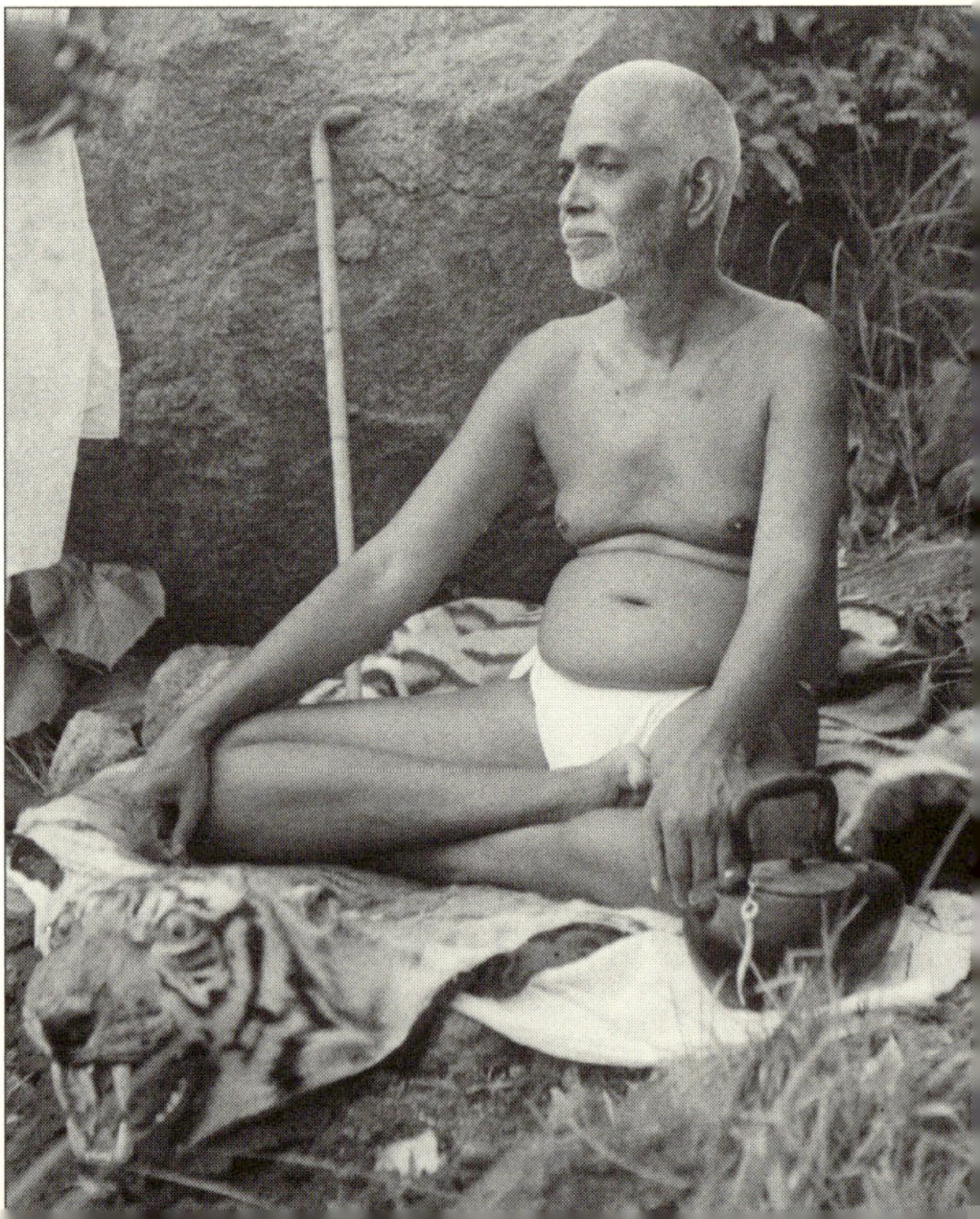

マハルシの福音

仕事と放棄

弟子　人間にとって、霊的経験の最高目標は何でしょうか？

マハルシ　自己実現である。

弟子　結婚した人が自己を実現できるでしょうか？

マハルシ　もちろん。結婚していようといまいと、人は自己を実現することができる。なぜなら自己は、今ここにあるからである。もしそれが今ここになく、いつかある時のある努力によって到達できるものであり、新奇なもので外部から獲得するようなものならば、それは追求する価値のないものである。自然でないものは、永遠でもない。つまり、私が言わんとしているのは、自己は今ここにあり、そしてひとりだということである。

弟子　海に飛びこむ塩人形[*1]は、防水コートで保護されてはいません。私たちが毎日苦労して生きているこの世は、その海のようなものです。

マハルシ　そうだ。心がその防水コートである。

弟子　そうだとすれば、仕事についている者が欲望を棄てて、自分の孤独を保ちつづけることができるでしょうか？　生活の務めは、瞑想に坐る時間や祈りのための時間でさえもほとんど与えてはくれません。

マハルシ　そうだ。執着をもってなされる仕事は足枷《あしかせ》である。けれども、無執着でなされる仕事は、その本人に影響をもたらさない。彼は仕事をしていながら孤独である。あなたの義務に従うことが本当のナマスカール（ひれ伏すこと）であり……、神に住むことが、本当の唯一のアサン（無執着）である。

弟子　私は家庭を棄てるべきではないのでしょうか？

マハルシ　そうすることがあなたの宿命だったら、その問いは出てこなかったはずである。

弟子　それではなぜ師は、青年の頃に家を離れられたのですか？

マハルシ　神の意志によらずしては何ごとも起こらない。人がこの世で歩く道は、その人のプラーラブダ（過去の行ない）によって決められている。

弟子　私の時間のすべてを自己の探究に捧げることはよいことでしょうか？　それが

不可能なら、静寂を保つだけでもよいのでしょうか？

マハルシ　あなたが他のいかなる目的も追わず、ただ静寂を保ちうるなら、それは大変よろしい。けれども、他の目的を追いながら静寂を保つのであれば、実現ということに関するかぎり何の意味もない。人が余儀なく活動しているかぎり、自己を実現しようとする努力をあきらめてはならない。

弟子　人の行為は、その人の来世に影響を与えるでしょうか？

マハルシ　あなたは今これから生まれるのかね。なぜ次の生のことなど考えるのだ。誕生もなく死もない、これが事実である。生まれた者には、死について考えさせるがよい。そしてその苦しみを緩和させるがよい。

弟子　師は、私たちに死者を見せてくださることができますか？

マハルシ　あなたは、親類の死後のことをぜひとも知りたがっているが、生まれる前の彼らのことは知っていたのかね。

弟子　モクシャ（解放）への道において、グリハスタ（家住者）はどのような位置を占めるのでしょうか？　解放に到るためには、どうしても托鉢生活をせねばならぬということはないのでしょうか？

マハルシ　なぜあなたは自分をグリハスタと思いなすのかね。そういうことであれば、あなたがたとえサンニャーシン（遊行者）になっても、今度は自分がサンニャーシンであるという想いにとらわれてしまうだろう。あなたが家住者の生活を続けようと、それを棄てて森に行こうと、あなたの心はあなたにつきまとっている。エゴが、その想いの源である。エゴは身体と世界を作り出し、あなたをしてグリハスタであると考えさせる。あなたが家を棄てても、それはグリハスタという想いがサンニャーサという想いに代わり、家住者の環境が森という環境に代わるだけのことだろう。そして心の障害物はつねにそこにある。障害物は、新しい環境の中では勢いを増すことすらある。環境を変えることは、何の助けにもならない。唯一の障害物は心である。それこそが、家の中であろうと森の中であろうと克服されねばならぬものである。それが森の中でできるものであれば、どうして家の中でできないはずがあろう。環境を変える必要はない。あなたの努力は、環境がどうであろうと、他ならぬ今できるはずである。

弟子　世間の仕事に忙しくしていながら、サマーディ（三昧）を楽しむことができるのでしょうか？

マハルシ　「私が働いている」という感覚が邪魔ものである。あなた自身に「誰が働いているのか」と尋ねよ。あなたが誰なのかを忘れてはならない。そうすれば、仕事はあなたを縛りはしないだろう。仕事は自動的になされてゆくだろう。仕事をするとか放棄するとかに、心を煩わさないようにしなさい。その心煩いが束縛である。起こるべく定められていることは、起こるだろう。あなたが仕事を離れるべく定められているのであれば、仕事はいくら探しても見つからなくなるだろう。反対に、あなたが仕事を続けるべく定められてあれば、それを避けることはできないだろう。あなたはその仕事を続ける以外にはない。それゆえに、より高い力にそのことを任せなさい。あなたの思いのままに放棄したり続けたりすることはできない。

弟子　バガヴァン[*2]は昨日、人が「内」なる神の探究に熱中していれば、「外」なる仕事は自動的になされてゆくだろう、と言われました。シュリ・チャイタニア[*3]の生涯にあってもそのようなことが言われています。チャイタニアは弟子たちを教えている間にも、実は内なるクリシュナ[*4]（自己）を求めつづけており、自分の身体のことはすっかり忘れて、ただクリシュナのことだけを語りつづけたということです。このことについて、そんなことをすれば仕事が安全に行なわれるだろうかという疑問があります。人は肉体上の仕事に部分的な注意を払うべきではないでしょうか？

マハルシ　自己はすべてである。あなたは自己から離れられるかね。あるいは、自己なしに仕事が続けられるかね。自己は宇宙である。あなたが、仕事に熱中するために自分を引き締めようと引き締めまいと、すべての行為は続けられている。仕事はそれ自身において続けられてゆくだろう。クリシュナはアルジュナに、カウラヴァの人たちと戦って殺すことについて想い煩う必要はない、と語って聞かせた。彼らはすでに神によって殺されているのであり、その問題を解決しようと思い悩む必要はなく、ただより高い力の意志を遂行する自分の自然性のままに戦え、と語った。*5

弟子　しかし私がそれに注意を向けなければ、仕事はうまくゆかないでしょう。

マハルシ　自己に注意を払うということは、仕事に注意を払うという意味である。あなたは、あなた自身を身体と同一視しているので、仕事があなたによってなされていると考えるのだ。けれども、身体と仕事をも含むその活動性は、自己と別のものではない。あなたが仕事に注意を払おうと払うまいと、それが何の役に立とう。ある地点からある地点へ歩くことを考えてみよ。あなたが、歩く一歩一歩に注意を払わなくても、一定の時間が過ぎればその地点に到着している。あなたの注意などなしに、歩くという仕事が続けられているのがわかるだろう。他の仕事もまた同じである。

弟子　それではまるで眠り歩きです。

マハルシ　夢遊病のようだと言うのかね。まったくそのとおりだ。子どもがぐっすり眠っているとき、母親は食事を与える。子どもは眼が覚めているときとまったく同じようにたくさん食べる。しかし次の朝、子どもは母親に言う「お母さん、ぼくはゆうべご飯を食べなかったよ」と。母親と他の人たちは子どもが食べたのを知っているが、彼は食べなかったと言う。彼は眼が覚めていなかったのだが、行為は行なわれた。

ひとりの旅人が、二頭立て牛車の中で眠ってしまった。牛たちは旅の間じゅう動き、立ち止まり、ときにはくびきをはずされたりもする。旅人はそれらのことは知らぬまま、眼が覚めると別の場所にいる自分を見いだす。ありがたいことに彼は、道中のできごとには無知であったが、それでも旅は終わったのである。自己と人との関係も同じである。つねに目覚めたものである自己とは、牛車の中で眠っていた旅人のことである。起きている状態とは、牛たちの動きである。サマーディとは、牛たちが立ち止まった状態を言う（なぜなら、サマーディとはジャグラット・スシュプティ、つまり眼が覚めていながらその活動に関係を持たない状態だからである。二頭の牛はお互いにくびきでつながれてはいるが、動いてはいない）。人が眠った状態とは、牛たちのくびきが解かれた状態である。そこでは、牛たちのくびきからの解放に照応する、活動の完全な停止がある。

次に映画の例をあげてみよう。映画の上映にあたっては、光景はスクリーン上に投映される。動いてゆく光景は、スクリーン自体に影響することも変化を与えることもない。見物人は、その光景に注目するが、スクリーンには何の注意も払わない。光景はスクリーンなしには存在できないのに、スクリーンは無視されている。自己とはそのスクリーンである。そこでは、光景や活動などが進行するのが見られる。人は、光景や活動などには気がつくが、基本である自己には気づかない。まったく同じことで、この世の光景は自己を離れてはありえない。人がスクリーンに気づこうと気づくまいと、それには関係なく活動は続くだろう。

弟子　けれども映画にはオペレーターがいます。

マハルシ　映画の上映は、感覚のない物質から成り立っている。電燈、フィルム、スクリーンなどはすべて感覚のないものだから、オペレーターつまり感覚のある代理人を必要とする。けれども自己は、絶対の意識であり、それゆえに自己包摂されている。自己以外のオペレーターはありえない。

弟子　私は身体とオペレーターを混同しているのではありません。そうではなくて、バガヴァッド・ギーターの第十八章、六十一節のクリシュナの言葉について言っているのです。

「おおアルジュナよ、主はすべての存在物のハートの内に住み給い、人の目を欺くその力によって、あたかも舞台の上で踊らせるように、すべての存在物を回転せしめる。」

マハルシ　オペレーターを必要とすることも含めた身体の諸機能は、心の内に生まれる。身体はジャダつまり無感覚のものであり、感覚を持つオペレーターが必要だからである。人々が自分をジーヴァ（個我）であると考えるゆえに、クリシュナは、神はジーヴァのオペレーターとしてそのハートの内に住み給う、と言ったのである。実際には、ジーヴァもなく、オペレーターもない。いわば他のものは何もなく、自己がすべてを含む。自己はスクリーンであり、光景であり、見物人であり、俳優であり、オペレーターであり、電燈であり、劇場であり、その他のすべてのものである。あなたが自己を身体と混同して、自分自身を行為者と思いなしている様子は、映画を観ていて、登場する俳優を自分と見なしている見物人と同じようなものである。スクリーンなしに、彼がただひとつの演技でもできるかどうかを問いつつ、俳優を見なさい！　自分の行為が、自己とは別のものだと考えている人は、いつでもこんなふうなのだ。

弟子　けれども、映画の中で行為するということは、観客を求めていることのようでもあるでしょう。ですから私たちは、眠っている目覚めを学ばねばなりません。

マハルシ　行為と状況とは、その人のものの見方によるものである。カラス、象、蛇はそれぞれの道具を二つの目的に使い分ける。カラスは一つの眼で両方を見る。象の鼻は、手の役目もすれば鼻の役目もする。蛇は、眼で見ると同時に聞く。あなたが、カラスは眼を一つ持っていると言おうと二つ持っていると言おうと、象の鼻を手と言おうと鼻と言おうと、蛇の眼を耳と呼ぼうと、それはすべて同じことだ。ジュニャーニ（知識者、聖者）にあっては、眠りながら起きていようと、眼覚めながら眠っていようと、あるいは夢見ながら眠っていようと、夢見ながら眼が覚めていようと、すべてみな同じことである。

弟子　けれども私たちは、物理的に眼が覚めている世界の中で、物理的な関係を持ってやってゆかなくてはなりません！　仕事が進んでいるのに眠っていたり、眠っていながら仕事をしようとすれば、仕事はうまくゆかないでしょう。

マハルシ　眠りは無知ではない。それは人の純粋な状態である。眼が覚めている状態が知識なのではない。それは無知である。眠りの内には全き目覚めがあり、眼が覚めているときには全的な無知がある。あなたの本性は、その両方にゆきわたっており、その彼方に広がっている。自己は、知識と無知の両方の彼方にある。眠り、夢、眼覚めの状態は、自己の前を通り過ぎてゆくただの様式にすぎない。それらは、あなたがそれを自覚しようとしまいと、進んでゆく。それがジュニャーニの状態である。ジュニャーニにあっては、サマーディ、眼覚め、夢のある眠り、深い眠りのそれぞれの状態は、牛たちが動いている状態、立ち止まっている状態、くびきを解かれた状態のように通り過ぎてゆき、その乗客は眠っている。あなたが仕事について出した結論は、アジュニャーニ

（無知な人）の見地からやってくるものである。さもなければ、このような問いが起こるはずはない。

弟子　もちろんです。こんな問いが自己に起こってくるはずはありません。そこに問うべき誰があるでしょう？　けれども不幸なことに、私はいまだ自己を実現してはいません！

マハルシ　それこそがあなたの道における障害物である。あなたは、自分がアジュニャーニであるという考えや、まだ自己を実現していないという考えを乗り越えなくてはならない。あなたは自己である。これまであなたが、自己を知らなかったことがあったかね。

弟子　ですから、私たちは眠りながら起きている試みを……あるいは、日中の夢みを試みる必要があるのではないでしょうか？

マハルシ　（笑う）

弟子　私が言わんとしていることはこうなのです。つまり、自己への絶えざる「黙想[*6]」の結果としてサマーディに入った人の物理的な身体は、当然動かないものになるでしょう。それは活動でもあり非活動でもありましょう。黙想の内に確立された心は、身体の動きや感覚によって影響を受けないばかりでなく、物理的な活動の前触れである心の乱れにも影響を受けないでしょう。私はそう考えているのですが、他の人は、物理的な活動は確実にサマーディすなわち絶えることのない「黙想」を妨げると主張するのです。バガヴァンの御意見はいかがでしょうか？　あなたは私の意見の生きた証人であられます。

マハルシ　あなたたち二人の意見は両方とも正しい。あなたはサハジャ・ニルヴィカルパ・サマーディ[*7]について述べており、もう一人はケヴァラ・ニルヴィカルパ・サマーディについて述べている。後者にあっては、心は自己の光に浸されて横たわっており（ところが同時に、心は深い眠りの中の無知の暗闇に横たわってもいる）、その主体はサマーディからさめた後には、サマーディと活動性の間に区別をつける。ケヴァラ・ニルヴィカルパ・サマーディを実現しようとする人にとっては、身体や視覚や、生命力や心の活動性、あるいは対象物の認識といったもののすべてが障害物となる。

サハジャ・サマーディにあっては、心は自己に溶けて失われてしまっている。それゆえに、今述べたような差異や障害はここでは存在しない。このような状態に入った人の活動性は、眠っている少年の食事のようなもので、それを見る人には認知できるが、その本人は何も知らない。動いている牛車の中の眠れる旅人は、心が暗闇に沈んでいるので牛車の動きについて知らない。それに反してサハジャ・ジュニャーニは、チダーナナンダ（自己の至福）の恍惚に溶かされていながら心が死んでしまっているゆえに、自分の身体の活動については何も知らないままでいる。

＊1　訳註
個我が溶解して、神、真理、あるいは自己（アートマン）と一つになることを示すものとして、塩で作られた人形が本来の海に溶けて消え去るたとえがよく用いられる。

＊2　訳註
本来は英語のGodに相当する「神」を意味する。他に同じく「神」を意味する語にイシュワラがあるが、この方は自分が信仰する神をその固有名で呼ばず、一般的に「神」と表現するときに使う。バガヴァンは、師や聖者に対する尊称としてもよく用いられる。シュリは吉祥の意で、やはり敬称。

＊3　訳註
一五～一六世紀のクリシュナ派の名高い、バクタ（帰依者）。クリシュナとその愛人ラーダーへの讃歌を歌いつつ歩く高唱巡行の行の創始者。

＊4　訳註
ヒンドゥー教における代表的な神。バクティの運動はクリシュナ信仰より起こっている。

＊5　訳註
アルジュナはパンダヴァ一族の王子。バガヴァッド・ギーターはクリシュナとアルジュナの問答よりなる。カウラヴァ一族との決戦を前にして、殺し合いの無意味さに悩むアルジュナに、王子の戦車の御者であるクリシュナは、敵はすでに死んでいるのだと、戦士の義務を説く。

＊6　原註
黙想contemplationという言葉は、意志的に強制された心の過程を言い表わすものとして、よく恣意的に使われる。それに対してサマーディは、努力の彼方にある状態である。しかしながら、キリスト教神秘主義の用語においては「黙想」

はサマーディの同意語としてつねに使用されている。ここで使われている「黙想」はその意味である。

＊7 原註

眠り、ケヴァラ・ニルヴィカルパ・サマーディ、サハジャ・ニルヴィカルパ・サマーディの違いは、バガヴァンによって次表のごとく整理されている。

眠り	ケヴァラ・ニルヴィカルパ・サマーディ	サハジャ・ニルヴィカルパ・サマーディ
①心が生きている ②忘却に沈んでいる	①心が生きている ②光に沈んでいる ③井戸の中に沈められたままロープで吊られたバケツのようである ④ロープの他の端によって、引き上げられる	①心は死んでいる ②自己に溶けている ③海に流れこみ、そのまま独自性を失った川のようである ④川は海から再びもとに帰らない

自己を実現した聖者の心は、完全に打ち壊されている。それは死んでいる。けれどもそれを側で見る人には、彼はふつうの人間と同じように心を持っているように見えるだろう。聖者における「私」とは外見上明らかな「対象的な事実」であるにすぎない。しかしながら実際にはその「私」は、主体としての存在ではなく、対象物としての実在性もない。

沈黙と孤独

弟子　沈黙の誓いは有効でしょうか？

マハルシ　内なる沈黙は自己放棄である。それはエゴの感覚をなくして生きることである。

弟子　サンニャーシン（遊行者）にとって、孤独は必要なものでしょうか？

マハルシ　孤独は、人の心の内にある。人が、世間のただなかにありながら完全な平和を維持することができるなら、その人はつねに孤独の内にある。ある人は森に住むが、その心を制御することができない。彼は孤独であるとは言えない。孤独とは心の様態である。その人が何であろうと、生きてゆくうえでものごとに執着するならば、孤独は得られない。執着を離れた人はつねに孤独である。

弟子　マウナとは何でしょうか？

マハルシ　話すことと考えることを越えた状態がマウナである。それは心に活動がない瞑想である。心を征服することが瞑想である。深い瞑想は永遠の会話である。沈黙は絶えざる会話であり、「言語」の絶えざる流れである。それはしゃべることにより妨げられる。話し言葉は、この無言の「言語」を妨げるからである。講義は、何時間かの間そこにいる人々を楽しませるが、その人たちを進歩させはしない。沈黙はつかの間のものではなく、永遠のものであり、全人類に利益をもたらす……、沈黙は雄弁を意味する。口による講義は、沈黙によるものほど雄弁ではない。沈黙は休むことのない雄弁であり……、最上の言語である。言葉が止み、沈黙が現われるひとつの状態がある。

弟子　それでは私たちは、どうやってお互いの考えを交わし合えるのでしょうか？

マハルシ　二人でいるという感覚さえ存在すれば、相互理解は必然的にやってくる。

弟子　なぜバガヴァンは、外へ出かけて行き、声高く人々に真理を述べないのでしょうか？

マハルシ　私がそうしていないと、どうしてあなたは知っているのかね。ずっと演壇に登りつづけ、まわりの人々に熱弁をふるって説いているではないか。法を説くということは、知識をただ伝えるということであり、それは本当は沈黙によってのみなされうるものである。一時間ばかり説教を聞き、生き方を変えるほどの印象を受けることなく去ってゆく人を、あなたはどう思うかね。それに比べると、聖なる現前の座に加わり、しばらくしてその座を立ち去る人の表情は、すっかり変わってしまっているのを見ないかね。何の効果もなく大声でしゃべるのと、内なる力を送りながら静かに坐っているのと、どちらがいいか。

言葉がどうやって起こってくるか考えてみよう。抽象的な知識がある。だが、そこからエゴが生じる。そのエゴはつづいて想いを生じさせ、想いは語られる言葉になる。言葉はだから、原初の源の曾孫《ひまご》にあたる。そのような言葉が、ある効果を生み出しうるならば、考えてもみよ、沈黙をとおして語ることは何層倍も強力なものではなかろうか！　けれども人々は、この単純な裸の真理、彼らの日々の真理、つねにそこにあり永遠の経験であるものを理解しない。この真理とは、自己の真理のことである。自己を知らない人がどこにいよう。それなのに人々は、この真理を耳にすることさえ好まない。彼らは、彼方にあるものや天国、地獄や再生については熱心に知りたがる。

彼らは不思議を愛しており、真理を愛してはいないので、宗教は、結局は彼らを自己の周辺に連れてゆく程度のものしか提供することができない。どのような方法を採るにせよ、あなたは結局は自己に帰ってゆかねばならない。そうであるなら、なぜここで今、自己の内に住まないのか。もうひとつの世界の見物人であるためにも、それを推測するためにも、自己は必要である。それらは自己と別のものではない。たとえ無知な人でも対象物を見るときは、ただ自己を見ているのである。

心の制御

弟子　どうすれば心を制御できるでしょうか？

マハルシ　自己を実現すれば、制御すべき心というものはない。心が消えたときには、自己が輝き出てくる。自己実現した人にあっては、心は活動しているにせよ非活動にせよ、ただ自己のみが存在している。心、身体、世界は、自己と分離してあるものではないからである。それらは自己と離れては存在できない。それらがどうして自己以外のものでありえよう。自己に目覚めたとき、どうしてそれらの影に悩む必要があろう。どうしてそれらが自己に作用することができよう。

弟子　心がただ影にすぎないものであれば、どうやって自己を知るのでしょうか？

マハルシ　自己はハートであり、自ら輝くものである。光明はハートから生じ、心の座である頭脳に到る。世界は心によって見られるのであり、あなたは自己の反射光によって世界を見ていることになる。心が照らし出されると、それは世界を知覚する。心が照らされていなければ、世界は知覚されない。

心が内面へ向きを変え、光明の源へ向かうなら、対象物の知識は止んで、自己のみがハートとして輝く。

月は太陽の光の反射で輝く。太陽が沈んでしまうと、月が対象物を照らし出すのに役立つ。太陽が昇ってしまうと、まだ空には月がかかっていても、誰も月を必要としない。心とハートの関係はそのようである。心は、その反射された光によって役に立つようになる。それは対象物を見るために使われる。心が内面に向けられると、自身で輝く光明の源に溶けてしまい、昼間の月のようになってしまう。

暗がりではランプが必要である。けれども太陽が昇れば、ランプの必要はない。対象物を見ることができる。そして、太陽を見るためにはランプの必要はない。あなたは、眼を、自ら輝くものである太陽に向けるだけでじゅうぶんである。心についても同じである。対象物を見るには心から反射された光が必要であるが、ハートを見るには、心がそこに向きさえすればそれでじゅうぶんである。心は物の数ではなく、ハートが自ら光り輝く。

弟子　十月にこのアシュラマム[*1]を出てからの約十日間というものは、シュリ・バガヴァンのもとにいたとき支配していた現前が、私を包みこんでいるのを感じていました。仕事は忙しいにもかかわらず、四六時中ひとつに結合した平和の意識の流れがありました。それは、退屈な講義を半分眠りながら聞いているときに経験する、二重意識に近いようなものでした。しばらくするとその感じはすっかり消えてしまい、その代わりに以前の愚かなことどもがやってきました。仕事が非常に忙しいので、瞑想のための別の時間を作ることができません。仕事をしながら、つねに自分自身を「私である」と思うだけでじゅうぶんでしょうか？

マハルシ　（しばらく沈黙した後に）あなたが心を強くすれば、その平和はずっと続くだろう。その持続は、何度も訓練をくりかえすことによって得られる心の力に比例する。強くなった心は、その流れを持続することができる。平和を妨げているものは仕事ではなくて、それをなしているのは自分であるという、あなたの考えである。

弟子　心を強くするためには、一定の瞑想が必要でしょうか？

マハルシ　あなたが、その仕事が自分の仕事ではないという考えをつねに自分の前に保ちつづけるならば、その必要はない。最初は、あなた自身にそれを思い起こさせるための努力がいるだろうが、やがてそれは自然のものとなり持続するだろう。仕事はそれ自身の流れで進んでゆき、あなたの平和は妨げられなくなるだろう。

瞑想は、あなたの本性である。他のさまざまな想いがあなたを混乱させているので、今あなたはそれを瞑想と呼ぶ。そのさまざまな想いが追い払われるならば、あなたはひとりになり、それがつまり想いから解き放たれた、瞑想という状態なのである。それはまた、あなたが余計な想いを払いのけて自分のものにしようとしている、あなたの本性である。余計な想いを遠ざけることを、今は瞑想と呼ぶ。けれども修行が堅固になれば、本性は真の瞑想としてのそれ自身の姿を現わしてくる。

弟子　瞑想しようとすると、余計な想いがいっそう強く起こってきます！

マハルシ　そうだ、実にさまざまな考えごとが瞑想の中で起こってくる。それはそれでよい。あなたの中に隠れているものが出てくるのだから。考えごとが出てこないようであれば、それを打ち破ることもできないではないか。考えごとはいわば自然に湧き出てくるが、それらはやがて消えてゆくためなのである。心はそのようにして強くなる。

弟子　ときどき、人々や事物がぼやけて、夢の中でのようにほとんど透明な姿になることがあります。そのときは、それらを外側に認識するのではなくて、その存在を受身に意識しているのです。もちろんどんな自我をも能動的には意識していません。心の内に深い静かさがあります。人が自己の内に突入するのは、そのようなときなのでしょうか？　それともこれは不健康な状態で、自己催眠の結果なのでしょうか？　あるいは一時的に生まれ出た平和として、大いに元気づけられるべきものなのでしょうか？

マハルシ　心の中には、静寂に寄り添って存在する意識がある。それはまさしく求められるべき状態である。あなたの質問が、それが自己であると理解されずに、そこに枠組みを作ってしまったという事実は、その状態が堅固なものではなく偶然であることを示している。

「突入する」という言葉は、外部に向かう傾向にあるときに適切なものであり、心が内面へ向かわねばならぬときには、外的な現われの下へ「もぐる」という表現が出てくるものである。静寂が意識を妨げることなく支配しているのに、突入する必要がどこにあろうか。その状態が自己として自覚されていないならば、そうする努力を「突入する」と呼んでもいいかもしれない。その意味では、あなたの状態は、自覚、あるいは突入に適した状態と言える。したがって、あなたの終わりの二つの問いは問題にならない。

弟子　心は、子どもたちへ特別の愛情を持ちつづけています。それは多分、子どもたちの姿がしばしば理想の体現だからでしょう。どうすればこの偏愛を脱することができるでしょうか？

マハルシ　自己を凝視《みつ》めつづけよ。なぜ、子どもたちや子どもたちへのあなたの反作用のことを考えるのか。

弟子　このたびのティルヴァンナマライへの三度目の訪問は、私の内のエゴイズムの感覚を強くし、瞑想をむずかしくしてしまったように思われます。これは、たいした問題ではないひとつの通過段階なのでしょうか、それとも、今後はもうこういう場所は避けるべきだという兆しなのでしょうか？[*2]

マハルシ　それは想像上のものである。この場所も他の場所も、あなたの内にある。そのような想像は、終わりにしなければならない。このような場所は、心の活動性に対しては何もすることはできない。あなたを取り囲んでいる環境は、あなたの個人的な選択の結果としてあるだけでなく、自然のなりゆきとしてそこにあるのだ。あなたは場所を越えていなくてはならない。あなた自身を、場所の巻き添えにしてはならない。

シュリ・バガヴァンが、丘に登って行ってしまわれたのは夕方の五時ごろだったが、そのとき八歳半の少年がひとりホールの中に坐っていた。師が留守の間、その少年はヨーガとヴェーダーンタについて、聖者の言葉や聖典の言葉を自在に引用しながら純粋で単純なタミール語で語った。シュリ・バガヴァンが、四十五分くらいしてホールに入ってこられると、沈黙だけが支配した。二十分もの間、少年はシュリ・バガヴァンの現前の内に坐り、ひとこともしゃべらずにただ師を凝視《みつ》めていた。やがて少年の眼から涙が流れた。少年は左手で涙をぬぐうとしばらくして、自分は自己実現をまだ待ちつづけている、と言い残してその場を立ち去った。

弟子　あの少年の非凡な素質をどう説明すべきなのでしょうか？

マハルシ　前世の素質が、彼の中ではとても強い。しかしそれがどんなに強くても、静かさ、静かな心のときを除いては、自身を現わすことはない。記憶を甦らせようとしても、どうしてもうまくゆかない経験は誰でも持っているが、心が落ちつき静かになると突然に思い出される。

弟子　反抗的な心を静め、落ちつかせるためにはどうすればよいのでしょうか？

マハルシ　その心が消えてしまうよう、心の源を見るか、その心が打ちのめされてしまうようにあなた自身を放棄しなさい。自己放棄は自己知識と同じものであり、両方とも必然的に自己制御を意味している。エゴはより高い力を認めるときにのみ服従する。

弟子　心を落ちつかなくさせる本当の原因と思われるサムサーラ（輪廻）から、どうすれば私は逃れられるのでしょうか？

マハルシ　サムサーラはただあなたの心の内にあるだけである。世界は「ここに、私、世界がある」と言って宣言などしない。もしそうであるなら、あなたが眠っている間でさえもあなたにその存在を感じさせ、世界はいつでもそこに在るだろう。けれども眠りの中には世界はないのだから、それは一時的なものである。一時的なものであるから、実体を欠いている。自己の他には実在はないのだから、世界は自己に簡単に服従させられてしまう。自己ひとりが永遠である。放棄とは、自己と非自己を同一視しないことである。自己を非自己と同一視する無知がぬぐわれるならば、非自己は在ることを止める。そしてそれが真実の放棄である。

弟子　そのような放棄なくして、執着なしに活動を続けることはできないのでしょうか？

マハルシ　アートマ・ジュニャーニ（自己知識者）のみが、よいカルマヨーギ（仕事をとおして真理を求める者）でありうる。

弟子　バガヴァンはドヴァイタ哲学（二元論哲学）を非難なさるのですか？

マハルシ　ドヴァイタは、あなたが自己と非自己を同一視するときにのみありつづけることができる。アドヴァイタ（不二一元論）は非同一視である。

＊1　訳註
すぐれた師がそこに居り、一般の人々が自由にその座に入れるような場所を言う。道場あるいは、修行場の意味。アシュラムとも呼ぶ。マハルシのアシュラマムの正式名称は、シュリ・ラマナシュラマムである。

＊2　訳註
マハルシのアシュラマムがある南インド、タミル・ナドゥ州の町の名前。この町の背後にそびえるアルナーチャラ山（聖なる光の丘の意。二一三ページ写真）のふもとにシュリ・ラマナシュラマムはある。

バクティ（帰依）とジュニャーナ（知識）

弟子　シュリ・バガヴァタ*によれば、ハートの内にクリシュナを見いだす方法は、すべてのものの前にひれ伏し、すべてのものを主御自身と見なすことであると述べています。これは自己実現に到る正しい道でしょうか？　心が何に出会おうと、それをバガヴァンとして拝する方法は、「私は誰か」という心の問いをとおして、心を越えたものを求める道よりもむずかしいのではないでしょうか？

マハルシ　そうだ。もしあなたがすべてのものの内に神を見るなら、あなたは神について考えるだろうか、それとも考えないだろうか。まわりのすべてに神を見るならば、あなたは確かに神について考えるに違いない。心の内に神を見つづけていればディヤーナ（瞑想）に到る。ディヤーナは実現の前の段階である。実現のみが自己の内に在ることができ、自己であることができる。実現は自己と別のものではありえない。ディヤーナはその前にあるべきものである。あなたが神をディヤーナしようと自己をディヤーナしようと、それは重要なことではない。ゴールは同じだからである。いずれにせよ、あなたは自己を逃れることはできない。あなたはすべてのものの内に神を見たいと望む。それであなた自身の内には見ないのかね。すべてが神であるなら、そのすべての内にあなたも含まれているのではないかね。そしてあなたが神であるからには、すべてが神であるということが不思議なことだろうか。これが、シュリ・バガヴァタその他の聖典でいつも示されている方法である。けれどもその実践のためには、その神を見る人、あるいは考える人がいるはずである。その人は誰であろうか。

弟子　すべてに浸透するものである神を、どのようにして見ますか？

マハルシ　神を見ることは、神であることである。彼に浸透する神の他に「すべて」というものはない。彼のみがある。

弟子　ときどきギーター（バガヴァッド・ギーター）を読むべきでしょうか？

マハルシ　いつもがよい。

弟子　ジュニャーナとバクティにはどんな関係があるでしょうか？

マハルシ　自己の内に永遠に破られることなく、自然な状態で在ることをジュニャーナと言う。自己の内に在るためには、あなたは自己を愛さなくてはならない。神は自己そのものであるから、自己の愛は神の愛である。それがバクティである。このようにジュニャーナとバクティは一つにして同じものである。

弟子　一時間かそこらナーマ・ジャパ（称名）を続けていると、眠っているような状態に陥ります。眼を覚ましてジャパが途絶えていたことに気づき、またやり始めます。

マハルシ　「眠っているような状態」、それはよい。それは自然な状態である。あなたは今、エゴと交わっているので、自然の状態を何かしら自分の務めを妨げるものと思いなすのだ。あなたは、それが自然な状態だとわかるまでその経験をくりかえし続けるべきである。やがてジャパは外的なものであることがわかり、そのまま自動的に続いてゆくだろう。あなたの現在の疑問は、あなた自身をジャパを行なっている心と同一視するという偽りのせいで起こっている。ジャパは、他のすべての想いを排除して一つの想いにすがりつく方法である。それがジャパの目的である。ジャパはディヤーナへ導き、ディヤーナは自己実現すなわちジュニャーナで終わる。

弟子　どうすればナーマ・ジャパが続けられるでしょうか？

マハルシ　人は、深い帰依の感覚なしに、ただ機械的に表面的に神の御名を使ってはならない。神の御名を使うためには、人は熱望と率直な自己放棄をもって求めねばならない。その放棄の後にのみ、神の御名がその人とともにある。

弟子　それでは、自己探究つまりヴィチャーラの必要性はどこにあるのでしょうか？

マハルシ　放棄は、本当の放棄が何を意味するかについての全き知識とともになされるときにのみ、効力を示すことができる。その知識は自己探究と熟考の末にやってくるものであり、つねに自己放棄に終わる。ジュニャーナと主への絶対放棄には何の違いもない。あえて言うならば、それは、言葉と行為である。完全であるためには、疑いの余地なく放棄が必要である。帰依者は、主と取引きすることもその御手の愛を要求することもできない。このような全的な放棄は、すべてを包含する。それがジュニャーナでありヴァイラギャ（沈静）であり、帰依であり愛である。

＊訳註
バガヴァッド・ギーターの別の呼び名。バガヴァッド・ギーターの正式の名前は、シュリマッド・バガヴァッド・ギーターである。これを単にギーターと呼ぶことも多い。バガヴァッドは神、ギーターは歌。

自己と個我

弟子　川は海に流れこんでその特性を失います。そのように、再びこの世に生まれてこなくてすむように、死は人の個我を溶かすのではないでしょうか？

マハルシ　けれども、海水は蒸発して丘の上に雨となって下り、再び川となって海に流れ下ってゆく。同じように、個我は眠っている間は個我としての分離性を失っているが、そのサムスカーラ[*1]（行ない）つまり過去の傾向性に従って、眼が覚めれば再び個我として帰ってくる。死にあっても同じである。サムスカーラとともにある人の個我は、失われることがない。

弟子　それはどのようにしてでしょうか？

マハルシ　枝を切られた木がどのようにして再生するかを見るがいい。根がそこなわれずに残っているかぎり、木は生長しつづけるだろう。同じように、死のハートの内に沈んでいるだけのサムスカーラは、滅亡してしまったわけではないので、時が来れば再生してくる。そのようにしてジーヴァ（個我）が再生してくる。

弟子　無数のジーヴァと、その存在がジーヴァと相関関係にある広大な世界が、ハートの内に沈んでいる非常に小さなサムスカーラから芽生えてくるのは、どのようにしてなのでしょうか？

マハルシ　大きなガジュマルの木が、ひと粒の小さな種子から芽生えるように、ジーヴァと、名前と形を伴った全世界とは、微細なサムスカーラから芽生えてくる。

弟子　個我は絶対自己からいかにして放出され、またどのようにしてそこに帰ってゆくことが可能なのでしょうか？

マハルシ　火花が火から飛び散るように、個我は絶対自己から放出される。その火花はエゴと呼ばれる。アジュニャーニ（無知者）の場合は、エゴはそれが出てくると同時に、対象物と自分自身を同一視する。エゴは対象物とのこのような関係なしには存在することができない。

この関係はアジュニャーニに帰因する。この無知を打ち破ることが、人の努力の目標となる。この、対象物と自身とを同一視する傾向が打ち破られるならば、エゴは純粋になり、その源に溶けてゆく。自分自身を身体と同一視する偽りを、「デハートマ・ブッディ（自己即身体思考）」と呼ぶ。よい結果が訪れるためには、この考えは去らねばならない。

弟子　それを根絶するためには、私はどうすればよいのでしょうか？

マハルシ　あなたは、スシュプティ（深い眠り）にあっては身体と心に関係を持たずにいるが、夢を見ているときや眼が覚めているときはそれらと関係を結んでいる。もしあなたが身体と同一のものであるなら、スシュプティにおいてどうして身体なしにあることができようか。あなたは、あなたにとって外的なものとあなた自身を分離することはできるが、あなたと同一であるものを分離することはできない。それゆえに、エゴは身体と同一のものではありえない。このことが眼が覚めている状態において悟られねばならない。眠り、夢み、眼覚めの三つの状態は、この知識を得るために学ばれるのである。

弟子　二つの状態（眼覚めと夢）に閉じこめられているエゴは、三つの状態のすべてを含むそれを実現するために、どのような努力をすればよいのでしょうか？

マハルシ　エゴはその純粋性にあっては、二つの状態の合間、あるいは二つの想いの合間に経験される。エゴは、まず一点をつかんでおいてから一点を離れる尺取り虫のようなものである。エゴの本性は、それが対象や想いとの関係を離れるときに、知られる。

あなたは、この合間を、変わることなく在りつづける実在として、あなたの真実在として実現しなくてはならない。ジャグラット（眼覚め）、スワプナ（夢み）、スシュプティ（深い眠り）の三つの状態を学ぶことによって得られる確信をとおして、それを実現しなくてはならない。

弟子　こうやって眼が覚めている状態にあるように、望むだけの時間スシュプティにあったり、意のままにスシュプティに入ることはできないのでしょうか？　ジュニャーニの三つの状態についての経験はどのようなものでしょうか？

マハルシ　スシュプティは、あなたが眼が覚めていてもやはり存在している。あなたは、今もスシュプティの内にある。それは、まさにこの眼が覚めている状態にあって、自覚的に入りこみ到達されるべきものである。そこから気ままに出てきたり入っていったりすることは、真実ではない。ジャグラットの状態にありながらスシュプティを知覚している状態を、ジャグラット・スシュプティと言い、それはすなわちサマーディである。

アジュニャーニ（無知者）は、スシュプティの内に長くとどまることはできない。彼は自分の性質そのものによって、そこから出てゆかねばならないからである。無知のエゴは死なずに、何度も何度も立ち現われてくる。けれどもジュニャーニは、そのエゴをその源へと打ち砕く。ジュニャーニにあっても、ときにはプラーラブダ（因縁）によるもののように、エゴが現われてくることもある。ジュニャーニにあってもアジュニャーニと同じく、すべての外面的な目的のためにプラーラブダが、エゴを保ち、支えているように見えるかもしれない。しかしながらそこには根本的な違いがある。アジュニャーニのエゴが現われるときには（事実それは、深い眠りにあるときを除いてはけっして静まることはない）、その源についてはまったく無知である。別の言い方をすれば、アジュニャーニは、夢の中と眼覚めている状態においては、自分のスシュプティに気づかないでいる。ジュニャーニにあっては反対に、エゴの現われや存在はただ表面的なものである。彼は、エゴが表面的に現われ存在していても、自分の注意（ラクシャ）をつねにその源に向けていて、壊されることのない超越的な経験を楽しんでいる。このようなエゴには害がない。それは燃えた縄の残骸のようなもので、形は残っているけれども何かを縛る役には立たない。注意をつねにその源に向けつづけることによって、塩人形[*2]が海に溶けるようにエゴはその源へ溶けこむ。

弟子　キリストの十字架へのはりつけの意味は何でしょうか？

マハルシ　身体が十字架である。人の子であるイエスはエゴ、すなわち「自己即身体思考」である。人の子が十字架にはりつけにされたとき、エゴは滅び、その後に残されたものが絶対存在である。それが栄光の自己の復活であり、キリストの復活であり、神の子の復活である。

弟子　しかし、どうしてはりつけが正当化されましょう？　殺すことは、恐るべき罪ではないでしょうか？

マハルシ　すべての人々が自殺の罪を犯している。永遠の、至福に満ちた、自然状態は、この無知の人生により窒息させられつづけてきた。現代生活は、永遠の明確な実在を殺害することによって成り立っている。これが、本来の自殺というものではないかね。そうであるとすれば、なぜ殺人というようなことを想い煩うのか。

弟子　[*3]シュリ・ラーマクリシュナは、[*4]ニルヴィカルパ・サマーディは二十一日間より長くは続けられない、それ以上そこにあればその人は死ぬ、と言っています。これは事実でしょうか？

マハルシ　プラーラブダ（因縁）が尽き果てたとき、エゴはその背後に何ひとつ残さずに、完全に消滅する。これが究極の解放（ニルヴァーナ）である。プラーラブダが尽き果てたにもかかわらず、エゴが現われたいときには現われる人がある。そのような人をジーヴァンムクタ（生きたまま解脱した人）と言う。

＊1　訳註
流動しつつ存在するもののすべて。また過去世における行為。
＊2　訳註
九九ページ註1参照
＊3　訳註
一八三六年に生まれ、一八八六年に亡くなったこの聖者は、本書のC・G・ユングの序文にも引用されているように、近・現代インドを代表する神人である。ラマナ・マハルシが自己実現のジュニャーニの道を説いたのに対し、ラーマクリシュナは母神カーリーへの没入を主とするバクティの道を説いた。
＊4　訳註
七〇ページ本文、および一〇〇ページ註7参照

自己実現

弟子　どうすれば自己実現できるのでしょうか？

マハルシ　実現というのは、新しく獲得される何かではない。それはすでにそこにある。必要なことのすべては「私は実現していない」という想いを追い払うことである。静かさあるいは平和が実現である。自己が存在しないときは、一瞬たりともない。疑いや非実現という想いがあるかぎりは、それらの想いを追い払う試みがなされるべきである。それらの想いは、自己と非自己を同一視することによって起こってくる。非自己が消えれば、その後にはただ自己だけが残される。場所が必要ならば、狭くなくすればそれでじゅうぶんである。よそから場所を持ってくる必要はない。

弟子　実現はヴァーサナ・クシャヤ（潜在的傾向性の破壊）なしには不可能だとすれば、ヴァーサナ（潜在的傾向性）が完全に破壊された状態に至るには、どうしたらよいのでしょうか？

マハルシ　あなたは今、その状態にある！

弟子　それは自己を凝視《みつ》めつづけることによりヴァーサナは立ち現われると同時に打ち壊されねばならない、という意味でしょうか？

マハルシ　あなたがあなたのままであれば、それらはおのずから壊されるだろう。

弟子　どうやって自己に到達できましょうか？

マハルシ　自己に到るということはない。自己がもし到られるべきものならば、それは今ここにはなく、やがて得られる何かを意味するだろう。新しく得られるものはまた、失われるものでもある。それは永遠のものではない。永遠でないものに努力する価値はない。それゆえに、自己は到るものではないと言うのである。あなたは、自己である。あなたは、すでにそれであ《﹅﹅》る。

事実は、あなたは自分の至福に満ちた状態について無知だということだ。無知は次から次へと続き、至福である自己にヴェールをかける。努力はただ、この悪い知識である無知のヴェールをはぐことに向けられればよい。悪い知識とは、自己と身体や心などを誤って同一視することである。この偽りの同一視は去らねばならぬ。そうすればただ自己のみがそこに残る。

それゆえ、実現はすべての人おのおののものである。実現は、それを願う人々の間に差別をつけない。あなたが実現できるかという疑いそのもの、自分は実現していないと考えそのものが障害である。このような障害物からも自由になりなさい。

弟子　サマーディ（三昧）は何かの役に立つものでしょうか？　また、サマーディにあっては何かの想いが存在するのでしょうか？

マハルシ　サマーディだけが真理を示すことができる。想いは、実在にヴェールを投げかける。それゆえに、サマーディ以外の状態にあっては、実在が実現されることはない。

サマーディにあっては「私は在る」という感覚だけがあり、想いはない。「私は在る」という経験は、静かであることである。

弟子　私がここで得るサマーディあるいは静かさの経験を、どうすればくりかえすことができましょうか？

マハルシ　あなたの今の経験は、あなたが自分自身の内に見いだした雰囲気の影響によるものである。あなたはその雰囲気の外で同じことを経験できるかね。経験は突発性のものである。それが永遠になるまで実修が必要である。

弟子　人はときに、自分の中心がいわゆる自分の外側にあり、しかもそれが一切を含んでいるかに思われる、生き生きとした意識の閃光を見ます。哲学的な概念などとは関係なしに、バガヴァン、この希有な閃光を自分のものとし、維持し、そして広げてゆくためにはどうすればよいか、助言していただけましょうか？　このような経験におけるアビャーサ（実践）は隠遁を意味するのでしょうか？

マハルシ　外側とは！　誰に内側があり外側があるのかね。それらは、主体と客体があるかぎりにおいて存在できるものである。もう一度言うが、誰に対してその二つがあるのかね。調べてみればすぐ、それがただ主体の中に溶けてしまうことがわかるだろう。その主体が誰であるかを見よ。そのように探究すれば、主体の彼方にある純粋な意識へと導かれてゆく。

いわゆる自分とは、心である。その心は限定されている。純粋な意識は限定の彼方にあり、今述べた探究によって到達される。

「自分のものにする」――自己はつねにそこにある。あなたはただ、自己の現われを妨げているヴェールをはぎ取らねばならぬだけのことである。

「維持する」――ひとたびあなたが自己を実現すれば、それはあなたの直接の即時の体験であり、けっして失われることはない。

「広げる」――自己には広げるということはない。それは常在であり、縮んだり広がったりするものではない。

「隠遁」――自己に住むことは孤独である。なぜなら、自己にとって異郷的なものなど何もないからである。隠遁とは、ある一定の場所あるいは状態から、他の場所あるいは状態に移ることにちがいない。自己以外には、一定の場所もなければ他の場所もない。すべては自己であるから、隠遁などは不可能であり、想像することもできない。

アビャーサ（実践）とは、本来の平和を妨げるものに対して予防処置をとることを意味している。アビャーサを講じようと講じまいと、あなたはつねにあなたの内なる自然状態である。問いや疑いを棄て、あなたのあるがままにあること、それがあなたの自然状態である。

弟子　サマーディを実現すると、シッディ（超能力）をも得るのではないでしょうか？

マハルシ　シッディを見せるためには、それを認めてくれる他者がいなければならない。つまり、シッディを見せびらかすような人の内には、ジュニャーナはない。それゆえ、シッディは考える価値のないものである。ジュニャーナのみが目指されるべきであり、得られるべきである。

弟子　私が実現すれば他者の助けになるでしょうか？

マハルシ　そうだ。そしてそれが、あなたが他者に対してできる最上のものである。

大いなる真理を見いだした人々は、自己の静かな深みにあってそのようにしてきた。実現した人々は、ただ自己のみを見るからである。それはちょうど金細工師が、金でできたさまざまな宝の値踏みをしながら、ただ金だけを見ているのと同じである。あなたが自分を身体と同一視するとき、名前と形がそこにある。けれどもあなたが、その身体意識を越えるときには「その他のもの」もまた消え去る。実現した人は、世界を彼自身と異なったものとしては見ない。

弟子　聖者が他の人々と交わるのは、よいことではないのではないでしょうか？

マハルシ　交わる「他者」というものはない。自己は唯一の実在である。

弟子　苦しみに満ちた世界を救おうとしてはいけないのでしょうか？

マハルシ　あなたを創造した力が、同じように世界を創り出してきたのだ。その力があなたの世話をすることができるならば、同じように世界の世話をすることができるだろう。神が世界を創造なさったのであれば、その世話をなさるのは神の仕事であり、あなたの仕事ではない。

弟子　愛国者であることは、私たちの務めではないでしょうか？

マハルシ　あなたの務めは、在ることであり、これであったりあれであったりすることではない。「私は私であるものである」ということが、すべての真理の要諦である。

その方法は「静かであること」に尽きる。

では静寂とは何を意味するのだろうか。それは「あなた自身を打ち壊す」ことを意味する。なぜなら、すべての名前と形が困難の原因だからである。「私－私」が自己である。「私はこれこれである」というのがエゴである。「私」が「私」のみを保ちつづけるとき、それは自己である。それが突然に脇道にそれて「私はこれであり、あれであり、これこれである」と言うとき、それはエゴである。

弟子　それでは神とは誰でしょうか？

マハルシ　自己が神である。「私は在る」が神である。神がもし自己以外のものであるなら、彼は自己のない神であるにちがいなく、それは不条理である。

自己を実現するために必要なことのすべては、静かにあること、である。それ以上簡単なことがあるだろうか。アートマ・ヴィディヤ（自己探究）はだから、最も簡単な道である。

グルとその恵み

弟子　グル・クリパ（師《グル》の恵み）とは何でしょうか？　それはどのようにして自己実現に導くのでしょうか？

マハルシ　グルは自己である……。人は時において、その人生に満たされなくなり、自分の持っているもので満足できなくなり、神その他のものへの祈りをとおして、願望が満たされることを求める。彼の心は少しずつ浄化され、神を知りたいと願うようになり、世俗の願望を満たすよりは神の恩恵を得たいと願うようになる。そのとき神の恵みが現われはじめる。神はグルの姿をとって帰依者の前に現われ、彼に真理を教え、それだけではなく彼と親密に交わることによって彼の心を浄める。帰依者の心は強くなり、内面に向かうようになる。瞑想によってそれはいっそう浄められ、わずかなさざ波もない静かさだけが残される。その静かな広がりが自己である。

グルは内側と外側の両方である。外側からは、彼は心が内部に向かうように後押しをする。内側からは、心を自己へ引き出し、心が静かであれるように助ける。それがグル・クリパである。神、グル、自己の間には何の違いもない。

弟子　神智学協会*では、人々は自分を導いてくれるマスターを求めて瞑想します。

マハルシ　マスターは内側にある。瞑想は、彼が外側にのみあるという無知をぬぐい去るための方法である。もし彼が、あなたが待っている見知らぬ人であるなら、彼は必ずまたいなくなるだろう。そんな一時的なものが何の役に立つだろうか。あなたが、自分は分離したものであると考えたり、自分は身体であると考えているかぎりは、外部のマスターが必要であり、彼は身体を持った人のようなものとして現われるだろう。自分と身体の悪しき同一視が止んだとき、マスターは自己に他ならぬものとして見いだされるだろう。

弟子　グルは、イニシエイション（秘儀伝授）その他によって、私たちが自己を知るのを助けてくださるのでしょうか？

マハルシ　グルはあなたを手で抱きかかえ、耳にささやくのかね。あなたは彼を、あなたがあなた自身であるようなものとして想い描いているようだ。あなたは、自分を身体といっしょであると思っているので、彼もまた身体を持ち、あなたが触知しうる何かをしてくれると考えるのである。彼の仕事は内面にあり、霊の領域にある。

弟子 どうすればグルが見つかるでしょうか？

マハルシ 内在するものである神は、その恵みによって愛する帰依者にあわれみを与え、帰依者の進歩に応じて彼自身を現わす。帰依者は、彼は人であると思い、二つの物理的な身体関係のような関係を期待する。けれども、神であり自己の化身であるグルは、内面から働きかけて弟子が道を間違えたのを知るよう助け、内なる自己を実現するまで正しい道にあるよう導く。

弟子 それでは帰依者は、何をすべきなのでしょうか？

マハルシ 彼はただマスターの言葉を守り、内面に働きかけをすればよい。マスターは「内面」と「外面」の両方であるから、あなたを内側へ連れてゆく状態を創り出すと同時に、「内部」があなたを中心に引き出すように準備している。このように彼は「外側」からは後押しをし「内側」からは引き出して、あなたが中心に確立するよう導く。

あなたは、世界はあなた自身の努力によって克服されうると考えている。あなたが外的なものによって欲求不満におちいり内面に導かれたとき、「おお、人間より高い力がある！」と感じる。

エゴは非常に強力な象のようなもので、ライオン以外の力によっては制御されない。

ライオンとはこの場合グルに他ならず、その一瞥は、象のごときエゴを震えあがらせ、死なしめる。

あなたはやがて、自分の栄光とは、あなたが存在することを止めたところにあることを知るようになるだろう。その状態に到るために、あなたは自分を放棄しなくてはならない。そのときマスターは、あなたが指導を受けるに足る状態に到ったことを見てとり、あなたを導くのである。

弟子　イニシエイション（秘儀伝授）を与えず、他の有形の導きもしないグルの沈黙が、どうしてグルの言葉その他より強力なものなのでしょうか？　また、その沈黙はどうして聖典の学習以上のものなのでしょうか？

マハルシ　沈黙は最も力強い仕事の形である。聖典がどんなに広大で、どんなに力をこめて説いているとしても、結果においてはその力は衰える。静寂であり恵みであるグルは、すべてに浸透する。この沈黙は、すべての聖典を集めたものより広大で、力強いものである。

弟子　けれども、それで帰依者は幸福を得るでしょうか？

マハルシ　帰依者がマスターへ自分自身を投げ出すということは、彼の内に個我性のかけらもないことを意味している。その放棄が完全なものならば、自分という感覚はすべて失われており、そこには悲惨も悲しみもありえない。永遠の存在とは、幸福に他らない。それはひとつの黙示として訪れる。

弟子　どうすれば恵みを得ることができましょうか？

マハルシ　恵みとは自己である。それは得られるべきものではない。あなたはただ、それが在ることを知っていればよい。

太陽は輝くだけである。暗闇を見ない。それなのにあなたは、近づきつつある太陽に追われて逃げてゆく暗闇について語っている。帰依者の無知は、暗闇の中の幽霊のように、グルの一瞥《べつ》で消え去ってしまう。あなたは太陽の光に囲まれているのだから、太陽をあえて見たいと願うならば、その方向へ向きを変えて見なくてはならない。このように恵みはここに今あるものなのだから、あなたの正しい歩みによって見いだされるのである。

弟子　恵みが熟するのを急がせることはできないでしょうか？

マハルシ　すべてをマスターに任せよ。無条件に彼に投げ出すがよい。

二つのうち、一つのことはなされねばならない。一つは、自分の無力とそれを助けてくれるより高い力の必要性を悟って、自分自身をその前に投げ出すことである。もう一つは、悲惨の原因に探り入り、その源に入りこみ、そこで自己に溶けることである。どちらにしてもあなたは悲惨を逃れるだろう。神あるいはグルは、自身をその前に投げ出した帰依者を見捨てることはない。

弟子　グルあるいは神への平伏の意味は何でしょうか？

マハルシ　平伏は、エゴの沈静を意味する。そしてそれは源へ溶けこむことを意味する。神あるいはグルを、外面だけの跪拝やお辞儀や平伏によって欺くことはできない。彼は、エゴがそこにあるかないかを見る。

弟子　バガヴァンは、恵みのしるしとして、その木の葉から何かプラサード（恵みの食物）をくださらないのでしょうか？

マハルシ　エゴの想いなしに食べなさい。そうすればあなたが食べるものは、バガヴァンのプラサードになる。

弟子　教養のある人はグル・クリパの必要がない所にいるという意味で、光明に対して必ずしも有利ではないのではないでしょうか？

マハルシ　教養がある者といえども、無学な聖者の前に頭を下げねばならない。無学は無知であり、教養は学習した無知である。両方とも真の目的に無知である。聖者は、もうひとつの意味において無知である。彼は、彼以外の何ものでもないゆえに、無知である。

弟子　グルに贈り物がされるということは、グルの恵みを得ることではないでしょうか？　それで訪問者はバガヴァンに贈り物をします。

マハルシ　なぜ彼らは贈り物を持ってくるのか。私がそれを望んでいるとでも言うのかね。私がそれを拒んでも、彼らはそれを突きつけてよこす！　何のためか。それは魚をつかまえるための餌のようなものではないのか。釣師は魚に餌をやりたがっているのか。違う。彼が魚を食べたいからだ。

弟子　モクシャ（解放）に到る前に連続的にイニシエイションするという、神智学協会の考え方は真実でしょうか？

マハルシ　ある人生でモクシャに到る人々は、その前のいくつかの生ですべてのイニシエイションを通ってきているにちがいない。

弟子　神智学協会によれば、ジュニャーニたちは死後にほんの少しだけ仕事をしなくてはならないが、この世では必要ないと言っています。バガヴァンの御意見はどうでしょうか？

マハルシ　ある人は仕事に従事するが、すべてというわけではない。

弟子　バガヴァンは、眼に見えないリシたち（古代の聖者たち）との同朋関係を意識しておられますか？

マハルシ　眼に見えないのなら、どうして見ることができるのかね。
弟子　意識の中でです。
マハルシ　意識の中には外的なものは何もない。
弟子　私はリシたちを悟ることができるでしょうか？
マハルシ　あなたがあなた自身の実在を悟るなら、リシたちやマスターたちの実在が明らかになってくるだろう。ただ一人のマスターがある。それは自己である。
弟子　再生は真実でしょうか？
マハルシ　再生は、無知があるかぎりにおいて存在する。今も昔も、実際の再生などはない。これから後もないだろう。これが真実である。
弟子　ヨーギは過去世を知ることができるのでしょうか？
マハルシ　あなたは、その過去を知りたがっている、現在の自分の生命を知っているのかね。現在を見つけよ。そうすれば他のことも見つかるだろう。現在のこの限られた知識にあってさえ、あなたはじゅうぶんに苦しんでいる。なぜより多くの知識の重荷を負わせなくてはならないのか。もっと苦しむためにかね。
弟子　バガヴァンは、オカルトの力を他者の自己実現のために使いますか？　それとも、それはバガヴァンの自己実現のただの結果であって、それだけでじゅうぶんなものなのでしょうか？

マハルシ　自己実現した霊の力は、すべてのオカルトの力より遙かに強力なものである。聖者の内にエゴがなければないほど、彼にとって「他者」というものはない。あなたに与えられうる最高の利益とは何だろうか。それは幸福である。幸福は平和から生まれる。平和は障害物のないところにだけ行きわたることができる。障害は、心の内に起こる想いによって生じる。心そのものが空《から》になるとき、完全な平和があるだろう。人は、その心を絶滅しないかぎり、平和を得ることも幸福であることもできない。そして、彼自身が幸福でないかぎり、他者に幸福を与えることはできない。心を持たない聖者にとって「他者」というものはないにもかかわらず、彼の自己実現という事実そのものが「他者」をじゅうぶんに幸福にするのは、そういう理由からである。

＊訳註

一八七五年に、ロシア生まれのドイツ系のブラバツキー夫人と、アメリカのオルコット大佐によってニューヨークに設立された宗教団体。のちに本部が南インドのマドラス市に移された。西洋人によって始められた運動ではあるが、その教義の中心には「再生」や「カルマ（業）」などのヒンドゥー教的な概念が置かれており、あらゆる宗教の人々に門戸を開放する立場をとっている。いわゆるオカルト的な傾向の強い団体である。

平和と幸福

弟子　どうすれば平和が得られましょうか？　ヴィチャーラ（探究）をとおして、平和を得ているとは私には思えません。

マハルシ　平和はあなたの自然状態である。その自然状態を妨げるものは心である。あなたのヴィチャーラはただ心の中でされてきたのだ。心とは何かを尋ねよ。そうすればそれは消え去るだろう。想いと別の心というものはない。それなのに想いが湧き起こると、あなたは、それが起こったところに何ごとかを推量し、それを心と名づける。あなたが、それは何かと尋ね入れば、そこには心と呼ばれる何ものもないことが見いだされよう。そのようにして心が消え去ったとき、あなたは永遠の平和を実現する。

弟子　詩や音楽、ジャパ（唱名）やバジャナ（讃歌を歌うこと）、美しい景色を見ること、霊的な言葉を読むこと等々により、人はときどき真実な全的結合の感覚を経験します。

その深い至福に満ちた静けさの感じは（そこには個人的な自我は入る余地がありません）、バガヴァンが言われるハートの内に入ることと同じものでしょうか？　これらのものの実修は、より深いサマーディへと導き、やがては実在の全的なヴィジョンへと導いてくれるでしょうか？

マハルシ　心に同意されるものが贈られれば、そこに幸福がある。それは自己本来の幸福であり、その他に幸福などはない。幸福は異郷のものでもなければ遙かなものでもない。そのようなときあなたは、喜ばしいと思うその自己の内に潜ってゆけばよい。そうすれば自存する至福に到る。けれども、考えごとにふけっていると、実際にはあなたの内にある至福を、他の事物やできごとと思い違えてしまう。そのような場合には、無意識にかもしれないがあなたは自己に潜入しつつあるのだ。もしあなたが、自分は自己そのものであり、唯一の実在である幸福と同一のものであるという、経験から来る確信をもって、意識的に潜入するならば、それを実現と呼ぶ。あなたが意識的に自己の内へと潜りこむこと、つまりハートの内に潜りこむことを願う。

自己探究

弟子　人が自己を実現するということは、どういうことでしょうか？
マハルシ　誰の自己か。それを見いだしなさい。
弟子　私のです。しかし私は誰でしょうか？
マハルシ　自分で探し出しなさい。
弟子　どうすればよいか私にはわかりません。
マハルシ　ただその問いを考えつめてゆけばよい。「わかりません」と言っているそれは誰か。あなたが言った「私」とは誰か。その知られていないものは何なのか。
弟子　私の内にある誰か、あるいは何か、です。
マハルシ　その誰かは、誰かね。誰の内にあるのかね。
弟子　多分、何かの力でしょう。

マハルシ　見つけ出しなさい。

弟子　私はなぜ生まれたのでしょうか？

マハルシ　誰が生まれたのか。答えは、あなたの質問全部に対して同じである。

弟子　では、私は誰でしょうか？

マハルシ　（笑いながら）あなたは私を試しに来たのかね。あなたが、あなたが誰なのかを言わねばならないのだ。

弟子　どんなにやってみても、私には「私」がつかまえられそうにありません。それははっきりと見分けられるものではありません。

マハルシ　「私」が見分けられないと言っている、それは誰なのか。あなたの中には二つの「私」があって、その一つがもう一つによって見分けがつかないのかね。

弟子　「私は誰か」と尋ねる代わりに「あなたは誰か」という問いを自分に課してはいけないでしょうか？　そうすると私の心は、グルの姿をとっておられる神と思っているあなたに固定されるでしょう。おそらくその問いによった方が、自分に「私は誰か」と問うよりも、求めているゴールに近づきます。

マハルシ　あなたの探究がどのような形をとろうと、究極的には、あなたは一者である私、自己に帰ってこなくてはならない。

「私」と「あなた」、マスターと弟子等の区別のすべては、ただ無知のしるしである。至高の私だけが、在る。それ以外のことを考えるのは、自分自身を欺くことである。

プラーナ[*1]に出てくる聖者リブーと弟子のニダガーの物語は、この場合非常に示唆に富むものである。

リブーは弟子に、二者なき一者である至高のブラフマンの真理を教えた。博学で理解力もありながら、ニダガーは、ジュニャーナ（知識）の道を受け入れそれに従うに足るだけの確信を持つことができず、生まれ故郷の町に帰って、そこで昔ながらの因習的な宗教を遵守しつつ暮らしていた。けれどもリブーは、ニダガーが師を尊敬していたのと同じほどに、深く弟子を愛していた。リブーは年をとっていたが、ときどきその町に弟子を訪ね、彼がどの程度まで儀式主義の宗教を脱け出し、成長しているかを確かめた。ときにはリブーは変装して行き、ニダガーが自分の師に見られているとは知らずに、どんなふるまいをするのかを見た。

あるときリブーが田舎者に変装して行くと、ニダガーが熱心に王様の行列を見守っているのを見つけた。町の人であるニダガーに気づかれないまま、その田舎者は、この騒ぎは何かとニダガーに尋ね、王様が行列を作ってお通りになるのだと教えられた。

「やあ、王様だ！　王様の行列が行く！　だが王様はどこにいるのかしらん？」と田舎者はニダガーに尋ねた。

「あそこ。象の上だよ」ニダガーは答えた。

「王様は象の上にいるとおっしゃるが、わしには二人見える」田舎者は言った。「それでどっちが王様で、どっちが象なんでしょう？」

「何だって！」ニダガーは叫んだ。「お前さんは二つを見て、上にいる人が王様で下の動物が象だってことがわからないのかい？　お前さんみたいな奴と話したって仕様がないな。」

「お願いです。わしみたいな無知な人間を、どうか我慢してやってください」田舎者は乞うた。「ですが、あなたは今、『上』と『下』と言いなさったが、そりゃどういう意味でしょう？」

ニダガーはもう我慢ができず「お前さんは王様と象を見ている。一つが上で一つが下だ。それでもお前さんは、『上』と『下』がどういう意味か知りたいのかい？」とどなった。「眼に見え、言葉でも教えたのに、それでもわからないのなら、行為だけがわからせるだろう。前にかがみたまえ。そうすればすべてがすっかりわかるだろう。」

田舎者は言われたとおりにした。ニダガーはその肩の上に乗って言った。「よく見ろよ。私が上で王様だ。お前さんが下で象だ。これでよくわかっただろう？」

「いや、まだです」田舎者が静かに答えた。「あなたは王様のように上におり、私は象のように下にいる、とあなたはおっしゃる。王様、象、上、下、それについてはわかりました。だがお願いです。どうかその『私』と、『お前さん』が何を意味しているのか教えてください。」

ニダガーがこの「私」とは別の「あなた」を定義する大問題に直面させられたとき、突然彼の心に光が差しこんできた。彼はただちに肩から飛び降り、マスターの足もとにひれ伏して言った。「わが尊敬措くあたわざる師、リブーの他に誰が物理的存在の表面性から、真実の自己存在へと心を引き戻すことができましょう。おお、慈悲深い師よ、どうか祝福をお与えください。」

つまり、あなたの目的はここで今、アートマ・ヴィチャーラ（自己探究）によって、物理的存在の表面性を越えることにある。それなのに、ただ身体に属するものにすぎない「あなた」と「私」を区別することにより、どんな展望を持とうというのか。あなたが心を内部に向け、想いの源を尋ねるならば、どこに「あなた」があり、どこに「私」があろうか。

あなたは求めつづけ、そしてすべてを含む自己であらねばならない。

弟子 しかし、「私」が「私」を探さねばならぬということは、おかしなことではないでしょうか？　「私は誰か」という問いは、結局は空虚な形式になってしまうのではないでしょうか？　それとも私は、それをある種のマントラ（真言）のようにくりかえしながら、終わりなく自分自身に問いつづけなければならないのでしょうか？

マハルシ　自己探究が、空虚な形式でないことは確かだ。それはまた、どんなマントラのくりかえしよりもすぐれたものである。「私は誰か」という問いが、単なる知的な質疑であれば、それはたいした価値はないだろう。自己探究の目的そのものは、すべての心をその源へ集中させることである。だからそれは、ひとつの「私」がもうひとつの「私」を探し求めることではない。

自己探究は、すべての心を純粋な自己自覚の内にしっかりと釣り合いを保って確立するべく、激しい活動性を伴っているので、空虚な形式などではありえない。

自己探究は、あなたが本来はそれである、制限されない絶対の存在を実現するための、ひとつの失敗することのない方法であり、唯一の直接的な方法である。

弟子　なぜ自己探究のみが、ジュニャーナへの直接的な方法と見なされるのでしょう？

マハルシ　なぜなら、アートマ・ヴィチャーラ（自己探究）を除くすべてのサーダナ（修行）は、そのサーダナを続行する道具としての心の留保を前提条件としており、心なしにはサーダナは行ないえないからである。エゴは、その人の修行の状態に応じてさまざまに異なった微妙な形をとるが、けっして破壊されることはない。
ジャナカ王[*2]が「わしはとうとう、ずっとわしを亡ぼしつづけてきた泥棒を見つけ出したぞ。こやつは即決裁判だ」と叫んだとき、王は実は、エゴあるいは心について言っていたのである。

弟子　しかしその泥棒は、他のサーダナによっても、同じように捕まえられるかもしれません。

マハルシ　アートマ・ヴィチャーラ以外のサーダナによって、エゴあるいは心を破壊しようとする試みは、警察官になりすました泥棒が、泥棒すなわち彼自身を捕まえようとするようなものである。アートマ・ヴィチャーラのみが、エゴも心も本来は存在しないという真理を現わすことができ、人をして純粋な、差異のない自己という存在、すなわち絶対を悟らせてくれる。自己を実現すれば、知るべきものはもう何もない。それは完全な至福であり、すべてであるから。

弟子　この束縛だらけの人生で、私は自己の至福を実現できるでしょうか？

マハルシ　その自己の至福は、つねにあなたとともにある。あなたがもし熱心にそれを求めるならば、あなたのそれが見つかるだろう。あなたのみじめさの原因は、外部の人生にあるのではない。それはエゴとして、あなたの中にある。あなたは自分で自分の上に束縛を押しつけ、それを越えようと空しくあがいている。すべての不幸はエゴに起因する。エゴとともにあなたのすべての困難がやってくる。本当はあなたの内にある不幸の原因を、人生のできごとのせいにすることでどんな利益があなたにあるというのかね。あなた自身にとって外的なものにすぎない事物から、どんな幸福を得ようというのかね。もしそれを得たとしても、それがどれほど長く続くものだろうか。

もしあなたがエゴを否定し、それを無視することによって焼き尽くすならば、あなたは自由になるだろう。もしあなたがエゴを受け入れれば、それはあなたに制限を課し、あなたを、それを越えようとする空しいあがきの中に投げこむだろう。これがつまり、泥棒がジャナカ王を「滅ぼそう」としたやり方である。

あなたが、本来はそれである自己であることが、永久にあなたのものである至福を実現するための、唯一の方法である。

弟子　自己のみが存在するという真理を実現しないで、ヴィチャーラ・マルガ（探究の道）よりバクティ（帰依）やヨーガ（結合）の道を、サーダナの目的により適切なものとして採用してはいけないでしょうか？　自己の絶対存在の実現、つまりブラフマ・ジュニャーナは、私のような俗人にとっては、まったく到達不可能なものなのではないでしょうか？

マハルシ　ブラフマ・ジュニャーナは、それを得て人が幸福になるような、得られるべき知識ではない。ブラフマ・ジュニャーナをあきらめるというのは、無知の外面上のことである。あなたが知りたいと求めている自己は、他ならぬあなた自身なのだから。あなたの装われた無知は、けっしていないわけではない十人目の男が「いない」のを歎いている、あの愚かな十人の男たちのように、必要もない歎きをあなたに起こさせている。

寓話の中の十人の愚かな男たちが、川の浅瀬を渡って向こう岸に着いたとき、全員が無事に渡ったかどうか確かめようとした。十人の内の一人が数えはじめたが、他人ばかり数えて自分を数えるのを忘れてしまった。「九人しかいない。こりゃ確かに一人いなくなった。誰がいなくなったのだろう？」彼は言った。「お前、ちゃんと数えたのか？」もう一人が言って、自分でも数えはじめた。しかし彼も九人しか数えられなかった。こうして次々と十人が数えたが、いずれも自分自身を抜かすので九人しか数えられなかった。「おれたちは九人だ」全員で一致した。「しかし、誰がいなくなったのだろう？」彼らは彼ら自身に問うた。どんなに努力してみても、その「いない」男を見つけることができなかった。「誰だかわからないが、溺《おぼ》れちまった」十人の中の最も感傷的な男が言った。「あいつがいなくなっちまった。」そう叫ぶと彼はわっと泣きだし、残りの九人もそれに続いて泣きだした。

川の土手で泣いている男たちを見て、同情した旅人がその原因を尋ねた。彼らは起ったことを述べて、何度も何度も数えてみたが九人しか見つからないと答えた。その話を聞き、しかし眼の前に十人全部を見ている旅人には、どうしてそうなったのかがわかった。

彼らは実際に十人おり、全員無事に川を渡ったことを教えるために、旅人は言った。「あんたたちみんなが確かに数の中に入っていて、しかも一回だけしか数えられないようにするために、あんたたち一人一人をなぐるからね。そうしたら、なぐられた人は順番に一、二、三……と数を言っておくれ。そうすればきっと『いなくなった』十人目の人が見つかるよ。」男たちは「いなくなった」仲間が見つかりそうなので、大喜びで旅人が提案した方法を承知した。

親切な旅人が、十人の男たちを順番に一人ずつなぐると、なぐられた男は大声で自分自身を数えた。最後の男の順番が来てなぐられたとき、「十」と言った。彼らはびっくりしてお互いに顔を見合わせ、「十人いるぞ」と声を合わせて言い、旅人に、悲しみを取り去ってくれたことを感謝した。

これは寓話である。どこからその十番目の男が出てきたのか。彼はそもそもいなかったのか。彼がその間ずっとそこにいたことを知って、彼らは新しく何かを学んだだろうか。彼らの歎きの原因は事実ではなく、十人の内の誰もいなくなってはいなかった。九人しか数えられなかったので、彼らの内の一人がいなくなったと思いこんだのは（それが誰なのかわからなかったのだが）彼ら自身の無知のせいであり、むしろ仮定にすぎないものであった。

これはまた、あなたのことでもある。本当は、あなたがみじめで不幸であるべき理由は何もない。あなたは自分で、本来無限定の存在であるあなたの性質に制限を課してしまっている。そして自分が限定された生きものにすぎないことを泣いている。あなたは、そのありもしない束縛を越えるために、どんな方法でもいいからサーダナ（修行）をしなさい。けれども、あなたのサーダナそのものが束縛性を帯びているなら、束縛を越えることなどできるものではない。

私がこう言うのだから、あなたは本当は無限定の純粋な存在であり、絶対の自己であると知りなさい。あなたはつねにその自己であり、自己以外の何ものでもない。それゆえに、あなたは、本当はけっして自己について無知ではありえないのである。あなたの無知は、単なる形式上の無知であり、いなくなった十人目の男についての十人の愚かな者と同じような無知である。歎きをもたらしたものは、この無知である。

真実の知識とは、あなたに新しい存在を作り出すのではなくて、ただあなたの「無知な無知」をぬぐい去ることであると知りなさい。至福は、あなたの本性につけ加えられるものではない。それはただあなたの真実で自然の状態として、永遠で不滅の状態として現われる。あなたの歎きを乗り越える唯一の道は、自己を知り自己であることである。どうしてこれが到達不可能なことだろうか。

＊1 訳注
ヴェーダおよびウパニシャッド聖典群の出現以後に編纂《へんさん》された、神々や聖者のさまざまな物語で、ヒンドゥー民族は多くのプラーナを先祖代々口承で聞き覚え、子孫に伝えている。
＊2 訳註
紀元前五、六世紀頃にまとめられたと想定される、古ウパニシャッドの中の、ブリハッド・アーラニャカ・ウパニシャッドの中に、聖仙ヤージナヴァルキャをこよなく愛してその教えを受ける、ヴィデーハ国の聖王ジャナカが登場する。このジャナカ王はラーマの父であるとも言われている。

サーダナ（修行）と恵み

弟子　神の探究は、遥かな昔からずっと続けられてきました。究極の言葉は語られたでしょうか？

マハルシ　（しばらくの間、沈黙）

弟子　（当惑して）シュリ・バガヴァンの沈黙を、お答えと考えるべきでしょうか？

マハルシ　そうだ。マウナ（沈黙）はイシュワラ・スヴァルーパ（神の自己）である。それゆえ聖典は「至高のブラフマンの真理は、沈黙の言葉によって現わされる」と言っている。

弟子　仏陀は、神に関するそのような質問を無視したと言われています。

マハルシ　そして、それゆえに彼はシュンニャ・ヴァーディン（虚無主義者）と呼ばれた。事実仏陀は、神その他についての学問的な論議よりも、求道者に、今ここにある至福を指し示すことの方にかかわっていた。

弟子　神は、明らかなものとして、および明らかではないものとして述べられていま す。前者としては、神は世界をその一部として包含していると言われています。もしそうであるなら、その世界の一部としての私たちは、彼を眼に見える姿で容易に知っているべきであります。

マハルシ　神や世界の本質を決めようとする前に、あなた自身を知りなさい。

弟子　私自身を知ることが、神を知ることを意味するのでしょうか？

マハルシ　そうだ。神はあなたの内にある。

弟子　私自身、つまり神を知る道にはどんな障害がありましょうか？

マハルシ　あなたのさまよう心と、間違った道とがある。

弟子　私は弱い生きものです。しかし、内なる主の超越的な力は、なぜその障害物を取り除いてはくださらないのでしょうか？

マハルシ　いや、もしあなたがそう願えば、そうしてくださるだろう。

弟子　主はなぜ、私の内にその願いを起こしてはくださらないのでしょう？

マハルシ　そう願うのであれば、あなた自身を棄てよ。

弟子　私自身を棄てれば、神への祈りの必要は何もないのでしょうか？

マハルシ　放棄そのものが、力強い祈りである。

弟子　しかし、自分自身を放棄する前に、主の本質を理解する必要があるのではないでしょうか？

マハルシ　あなたが、神はあなたがしてほしいことのすべてを為してくださると信じるなら、あなた自身を彼に放棄せよ。さもなくば、神のことはさておき、あなた自身を知るがよい。

弟子　神あるいは師《グル》は、私のために何か心をつかってくださるでしょうか？

マハルシ　あなたがその二つを求めるなら――それらは本当は二つではなく一つであり、同じものなのだが――それらは、あなたがかつて思ってもみなかったほどの心づかいをもって、あなたを求めていることを信じて、安心しなさい。

弟子　イエスは、失くした銀貨*についての寓話を語っています。その中で婦人は、その銀貨が見つかるまで探しつづけます。

マハルシ　そうだ。あの話は、神あるいはグルがつねに、熱心な求道者を探している真実をよく表わしている。銀貨ではなくてぼろ切れだったら、その婦人はあんなに長い間探し求めはしなかっただろう。その意味がわかるかね。求道者は、帰依その他の行為をとおして、自分自身にその資格を持たなくてはならない。

弟子　しかし人は、神の恵みについて、まったくの確信は持てないのではないでしょうか？

マハルシ　熟していない心が彼の恵みを感じないとしても、それは神の恵みがないことを意味してはいない。なぜなら、神がときどき慈しみがなくなるということは、神であることを中止することだからである。

弟子　キリストの「汝の信に従って汝に為されるであろう」という言葉と同じでしょうか？

マハルシ　そのとおりである。

弟子　ウパニシャッドは「アートマンを知る者のみをアートマンは選ぶ」と言っていると聞いています。なぜアートマンはすべてを選ばないのでしょうか？　また、選ぶときに、なぜ特定のある人を選ぶのでしょうか？

マハルシ　太陽が昇るとき、あるつぼみは花開くが、全部ではない。それを太陽のせいにするのかね。つぼみは、自身では花開くことができない。花が開くためには、太陽の光が必要である。

弟子　マーヤー（幻惑）のヴェールをはぎとるのは、それ自身にヴェールをかけているアートマンであるから、アートマンの助けが必要なのだと言ってはいけないでしょうか？

マハルシ　あなたはそう言うだろう。

弟子　アートマンが、それ自身にヴェールをかけているのだとすれば、それ自身がヴェールを取り去るべきではないでしょうか？

マハルシ　それはそうするだろう。誰にヴェールがかかっているのか、見なさい。

弟子　なぜ私がそれをせねばならないのでしょう？　アートマン自身にヴェールをはがさせればよいでしょう？

マハルシ　アートマンがヴェールについて話しているのなら、アートマンそれ自身がそれを取りはずすだろう。

弟子　神は人格的なものでしょうか？

マハルシ　そうだ。彼はつねに最初の人であり、あなたの前につねに立っている「私」である。あなたが世俗のものごとを優先するので、神は背後に隠れているように見える。あなたが他のすべてをあきらめ、彼のみを見るならば、ただ彼だけが「私」として、自己として残るだろう。

弟子　実現の究極状態について、アドヴァイタ（不二一元論哲学）は神性との絶対結合を言い、ヴィシュタドヴァイタ（制限的不二一元論哲学）によれば、適性者のみの結合を言います。そしてドヴァイタ（二元論哲学）では、神性との結合はないと言っています。これらの内のどの見解が正しいと考えられますか？

マハルシ　なぜ、未来のある時に起こるであろう事柄について思弁するのかね。「私」が存在すればすべては了解される。彼がどの学派に属そうと、彼が熱心な求道者であるならば、まず最初に「私」は何かを見つけ出させよ。そうすれば、究極状態がどんなものであるかを知る時間はたっぷりあるだろう。「私」が至高の存在に溶けこんでいるのか、彼とは別のものとしてあるのかがわかるだろう。結論を先に出すのはやめて、開かれた心を持とうではないか。

弟子　しかしながら、究極の状態についてのある程度の理解は、有益な導きになるのではないでしょうか？

マハルシ　究極の実現状態がどのようなものであるかを、今決めようとすることには、何の目的もない。それには本質的な価値は何もない。

弟子　なぜでしょうか？

マハルシ　あなたが悪い原理に沿って進むからである。あなたの確認は、自己から放射される光によってのみ輝く知性に依らなくてはならない。制限された現われにすぎないものであり、そこからはほとんど光がやってこないものを、知性の一部で批判することは、無遠慮というものではないかね。けっして自己には到達することのできぬ知性が、どうして究極の実現状態を確認することができ、ましてそれを決定することなどできようか。それはまるで、蠟燭《ろうそく》の光の標準で太陽の光をその源において測ろうとするようなものだ。太陽のそばまで来るまでもなく、蠟は溶けてしまうだろう。単なる推測に耽《ふけ》る代わりに、あなた自身を、ここで今、つねにあなたの内にある真理の探究に捧げなさい。

＊訳註
新訳「ルカによる福音書」第十五章八〜十節に「また、ある女が銀貨十枚を持っていて、もしその一枚をなくしたとすれば、彼女はあかりをつけて家中を掃き、それを見つけるまでは注意深く捜さないであろうか。そして、見つけたなら、女友だちや近所の女たちを呼び集めて『わたしと一緒に喜んでください。なくした銀貨が見つかりましたから』と言うであろう。よく聞きなさい。それと同じように、罪人がひとりでも悔い改めるなら、神の御使《みつかい》たちの前でよろこびがあるであろう」（日本聖書協会『聖書』）とある。

ジュニャーニ（知識者）と世界

弟子　ジュニャーニ（知識者）は、世界を知覚するのでしょうか？

マハルシ　その問いは誰からかね。ジュニャーニからかね、アジュニャーニ（無知者）からかね。

弟子　アジュニャーニからです。認めます。

マハルシ　その実在性を決めたがっているのは、世界だろうか、という問いがあなたの内に起こるはずである。まず最初に、そう問う者は誰であるかを知りなさい。それから、世界が実在するものか否かを考えるのもいいだろう。

弟子　アジュニャーニは、世界およびその対象物を、触覚や味覚その他の感覚を魅きつけるものとして見、理解します。ジュニャーニはそのようなやり方で世界を経験するのでしょうか？

マハルシ　あなたは、世界を見ること知ることについて語っている。けれども、知る主観であるあなた自身を知らないで（それなくしては対象物の知識は何もない）、どうして知られる対象物である世界の本質を知ることができようか。対象物が身体および感覚器官に影響を及ぼすことは疑いない。しかし、その問いが起こるのはあなたの身体に対してなのかね。身体が「自分は対象物を感じる。それは本当か」と言うのかね。それともあなたに「私は世界である。それは実在か」と問うのは世界なのかね。

弟子　私はただ、ジュニャーニが世界をどのように見るのか、理解しようとしているだけです。自己実現の後にも世界は知覚されるのでしょうか？

マハルシ　なぜあなたは、世界のことだとか自己実現の後に起こることについて、想い悩むのか。まず自己を実現せよ。世界が知覚されようが知覚されまいが、そんなことは問題ではない。眠っている間は世界の知覚はないが、それによってあなたの探索に何か得るものがあるだろうか。反対に、今は世界を知覚しているが、それで何か失うものがあるだろうか。世界を知覚するかしないかということは、ジュニャーニにとってもアジュニャーニにとってもまったく重要な問題ではない。それは両方によって見られるが、見方が違うだけである。

弟子　ジュニャーニとアジュニャーニがそのように世界を見るのであれば、その違いはどこにあるのでしょうか？

マハルシ 世界を見るとき、ジュニャーニは、そこに、見られるものすべての基礎である自己を見る。アジュニャーニは、世界を見ていようと見ていないとにかかわらず、彼の真の存在である自己を知らない。

映画館のスクリーンに映される動きについて考えてみるといい。映画が始まる前に、あなたの眼前には何があるか。スクリーンだけがある。映画が始まると、スクリーンの上にあなたはできごとを見る。どう見てもそれは本物である。けれども行ってそれをつかまえようとしても、何もつかめはしない。ただスクリーンの上にだけ、光景は事実として現われている。劇が終わり、光景が消えたとき何が残るか。スクリーンだけである。

自己についても同じである。ただそれだけがある。光景は、やってきては去ってゆく。あなたが自己を把握していれば、光景の現われに騙されることはないだろう。また、光景が現われようと消えようと少しも問題にならないだろう。自己を無視して、アジュニャーニは世界は実在すると考える。それはちょうどスクリーンを無視して、スクリーンとは別のものとして存在するかのように、光景だけを見るのと同じである。スクリーンなしには光景はありえないのと同じく、見る者なしには見られるものは何もないことを知れば、惑わされることはない。ジュニャーニは、スクリーン、光景、その動きは、すべて自己にすぎないことを知っている。光景とともにあって自己は現われた姿をとり、光景がないときには現われないものとしてとどまる。ジュニャーニにとっては、自己がどちらの姿をとっているかはまったく問題ではない。彼はつねに自己である。けれどもアジュニャーニは、ジュニャーニが活動的なのを見て困惑するのである。

弟子 私が、自己を実現した人が私たちと同じように世界を知覚するかどうかという質問をしたのは、まさにその点にせきたてられたからなのです。彼が私たちと同じように見るのであれば、昨日不思議なことに写真が消えてしまったできごとについて、シュリ・バガヴァンがどう感じておられるのか、どうしても知りたいのです。

マハルシ （笑いながら）あのマドゥラ寺院の写真のことかね。あの写真は、何分間か前までは、訪問者たちが見ながら手から手へと渡っていた。あれは明らかに、彼らが読んでいた何かの本のページの間にはさまれたまま置き忘れられたのだ。

弟子 そうです。あのできごとのことです。バガヴァンはあれをどう御覧になりますか？ みんな一生懸命に写真を探しましたが、とうとう出てきませんでした。それが必要とされた瞬間に、不思議にも消えてしまったことを、バガヴァンはどう御覧になりますか？

マハルシ　あなたが私を、あなたの遠いポーランドの国へ連れて行く夢を見ると仮定しなさい。あなたは眼が覚めてから私に尋ねる、「私はこれこれの夢を見ました。あなたも同じような夢を見ましたか？　それとも何か別の方法で、私があなたをポーランドに連れて行ったことを知っていますか？」そのような問いに、あなたはどんな意味を与えようというのかね。

弟子　しかし、なくなった写真に関して言えば、できごとのすべてはシュリ・バガヴァンの眼の前で起こったのです。

マハルシ　写真を見たこと、それがなくなったことは、あなたの今の問いと同じように、すべてただ心の働きにすぎない。

この点について説明しているプラーナ[*1]の中の物語がある。

かのシーター[*2]が森の隠者小屋からさらわれてしまったとき、ラーマは「おおシーター、シーター！」と歎き悲しみながら、彼女を探しまわった。森の中のそのできごとを、天からパールヴァティ（シヴァ神の妃）とパラメシュヴァラ（シヴァ神の別名）が見おろしていた。パールヴァティは驚いてシヴァに言った、「あなたは、ラーマは完全な存在であると称讃されたではありませんか。ごらんなさい。ラーマはシーターがさらわれたといってあんなにも歎き悲しんでいる！」シヴァは答えた、「そなたがラーマの完璧性を疑うなら、自分自身で試してみるがよい。そなたのヨーガマーヤー（幻力）でシーターに変身し、ラーマの前に現われてみよ。」パールヴァティはそうした。パールヴァティはシーターにそっくりの姿でラーマの前に現われた。けれども驚いたことには、ラーマは彼女の存在を無視して同じように「おおシーター、おおシーター！」と呼びながら、まるでめくらのように歎きながら探し歩きつづけた。

弟子　私にはそのお話の意味を理解することができません。

マハルシ　ラーマがシーターの身体的存在を探していたのだったら、彼の前に失われたシーターとして立っているその人を、当然認めたにちがいない。しかしそうではなかったので、失われたシーターは彼の眼の前に現われたシーター同様に、そこにはいなかったのである。ラーマは、本当に盲目ではなかった。しかしラーマにとって、つまりジュニャーニにとっては、以前に隠者小屋にシーターがいたこと、彼女がいなくなったこと、その結果彼女を探し求めていることは、シーターに変装したパールヴァティが眼の前にいることと同じく、すべて等しく非現実のことだったのである。なくなった写真のことがどういうことかわかったかね。

弟子　よくわかりましたと言うことはできません。さまざまな方法で感知され、触られ、見られる世界は、夢のようなもの、幻影なのでしょうか？

マハルシ　もしあなたが真理を求め、真理のみを求めるならば、世界を非現実のものとして受け入れる以外には方法がない。

弟子　なぜでしょうか？

マハルシ　あなたが世界は実在であるという考えを棄てないかぎり、あなたの心は世界を追いつづけるだろうという、簡単な理由からである。存在するものはただ実在だけであるのに、現われを実在と思っていれば、けっして実在そのものを知ることはできない。この点は「蛇とロープ」[*3]の類推で明かされている。あなたがそこに蛇を見ているかぎり、ロープを見ることはない。実在しない蛇があなたには実在し、本当のロープはまったく実在していないもののように見えるのである。

弟子　世界が究極においては非実在だということを、試みに受け入れることは簡単ですが、それが本当に非実在だという確信を持つことはむずかしいのです。

マハルシ　あなたが夢を見ている間は、その夢の世界でさえも実在している。夢が続いているかぎり、あなたが見たり感じたりするものはすべて実在である。

弟子　それでは世界は、夢よりましな何ものでもないのでしょうか？

マハルシ　あなたが夢を見ている間に、その実在感覚で何かしっくりしないようなものがないだろうか。あなたが何かまったく不可能なことの夢を見るとする。例えば死んだはずの人と幸福なおしゃべりをするとか。そのときあなたは、夢の中でも自分自身に疑って言うだろう、「彼は死んだのではなかったか?」けれどもあなたの心は、何とかしてその夢のできごとと和解して、夢の目的に沿ってその人は生きていてよいとする。つまり、夢は夢として、あなたがその実在を疑うことを許さないのである。夢でさえそうであるから、ましてあなたが眼覚めている経験世界の実在を疑うことはできない。それ自身で世界を作り出す心が、どうしてそれを非実在のものとして受け入れることができよう。今述べたことは、眼が覚めている経験世界と、夢の世界を比較した意味でのことである。両方ともに心の作り出したものにすぎず、心がどちらかに没頭しているかぎり、夢を見ているときであれば夢の世界の実在を否定することができず、眼が覚めていれば、その世界を否定することができない。反対に、もしあなたが、心を世界から完全に引っこめて内部に向け、そこに安住するならば、ということはつまり、あなたがつねにすべての経験の基礎である自己に目覚めつづけているならば、今あなたがそれしか知覚していないこの世界は、夢の中で経験した世界と同じように非実在であることがわかるだろう。

弟子　前にも言いましたように、私たちは世界をさまざまな方法で見たり感じたりします。これらの感覚は、見られ感じられる対象物の反作用であって、人によって異なるばかりか、同じ人間にあってさえ異なる夢の中でのような心の創造物ではありません。このことは、世界の対象物としての実在性を証明するのにじゅうぶんなことではないでしょうか？

マハルシ　現実と夢との不一致に関する先の話と、夢の世界のそれなりの正当性は、あなたが眼を覚ましている今になってわかることである。あなたが夢を見ている間は、夢は完全に全体的に完成していた。夢の中で喉が渇いていて、幻の水を幻に飲んでも、その幻の渇きは癒やされた。このことはすべて、あなたが夢そのものが幻であると気づかないかぎりは、本当であり幻ではない。眼覚めた世界にあっても同様で、あなたの今の感覚が、世界は実在であるという印象をあなたに与えるべく調整しているのである。反対に、もし世界が自存する実在であるならば――それは、あなたが対象性という言葉によって明瞭に表現したものである――、眠っているときには、なぜ世界は現われないのだろうか。あなたは、眠っているときには存在していなかったと言うことはできない。

弟子　私は、私が眠っている間の世界の存在を否定などしていません。それはずっと在りつづけます。私が眠っている間にそれを見なかったとしても、他の眠っていない人がそれを見たでしょう。

マハルシ　眠っている間にもあなたが存在していたと言うために、それを証明してくれる他者の証言が必要だろうか。なぜあなたは今その証言を求めるのかね。その他人は（あなたが眠っている間に）世界を見ていたことを、ただあなたが眼覚めたときにおいてのみ告げることができる。あなた自身の存在について言えば、それとは異なっている。眼を覚ましたとき、あなたはよく眠ったと言う。それは、そのときあなたは、世界の存在についてのわずかな注目もなかったにもかかわらず、最も深い眠りの中にありながら、あなた自身については知覚しているということである。眼を覚ましている今でさえ「私は実在だ」と言っているのは、世界かね、それともあなたかね。

弟子　もちろん私がそれを言っていますが、私はそれを世界について言っているのです。

マハルシ　それなら、あなたが実在だと言っているその世界は、あなた自身の実在については無知でありながらその実在を証明しようとしているあなたを、本当は無視しようとしているのだ。

いずれにしろ、あなたは世界は実在であると主張したがっている。その実在の原点は何かね。それ自身で存在するものだけが実在であり、それ自身によってそれ自身を現わすもの、永遠で不変のものが実在である。

世界はそれ自身で存在するだろうか。世界が、心の助けなしに見られたことがかつてあっただろうか。眠りの中では、心がないので世界もない。眼が覚めれば心があるので世界がある。この不変の付随関係は何を意味するのだろうか。あなたは、科学研究の基礎そのものと見なされている帰納法の論理をよく知っているはずだ。あなたはなぜ、世界の実在についての問いを、この一般的な論理の光の中で決定しないのか。

あなた自身についてのみ「私は在る」と、あなたは言うことができる。それはつまり、あなたの存在は、単なる存在ではないということである。それは、あなたがそれについて意識する存在である。実に、意識と同一なものは、存在である。

弟子 世界は、それ自身を意識しないにもかかわらず、存在します。

マハルシ 意識は、つねに自己意識である。あなたが何かを意識するとき、あなたは本質的にはあなた自身を意識しているのである。自己のない意識存在とは、言葉の矛盾である。それは全然存在などではない。それはただ属性的な存在である。真実の存在、すなわちサットは、属性的なものではなく、本性そのもの（ヴァストゥ）である。実在はそれゆえに、サットｰチットつまり存在ｰ意識として知られており、他のものを排除する単なる一者ではけっしてない。世界はそれ自身では存在できないのみならず、その存在を意識することもできない。あなたは、そのような世界が実在するとどうして言えるのか。世界の本性は何かと言えば、それは尽きることのない変化であり、連続する終わりのない流動である。依存するものであり、非自己意識であり、変化しつづけるものである世界は、実在ではありえない。

弟子　西洋の経験科学が世界を実在と見なすだけでなく、ヴェーダその他においても、世界とその起源に関する精巧な宇宙論的な論述がなされています。もし世界が非実在であれば、なぜそのようなことが行なわれたのでしょうか？

マハルシ　ヴェーダその他の聖典の本質的な目的は、不滅のアートマン（自己）の本性を教えることであり、権威をもって「汝はそれである」と宣言することである。

弟子　わかりました。しかし彼らは、なぜ、世界は実在するとは考えてもいないのに、あのように膨大な宇宙論的な論述を、長々とやらなくてはならなかったのでしょうか？

マハルシ　あなたが理論において認めたことを、実行の内に取り入れなさい。他のことには眼をやる必要はない。シャーストラ（聖典）は、真理を求めるすべての種類の人々に導きを与えるものである。すべての人々が同様の精神構造を持っているわけではない。あなたが容認できないことは、アルサヴァーダすなわち、補助的問題として取り扱えばよい。

＊1 訳註

一五三ページ註1参照

＊2 訳註

古代インドの大叙事詩『ラーマーヤナ』の主人公ラーマ神の妻で、貞淑の範とされる。ラーマは策略に会って王国を追われ、シーターとともに森で隠棲生活を送るが、ある事件のあと、シーターは十頭の魔王ラーヴァナに誘拐される。

＊3 訳註

蛇とロープの話は二一ページでも語られている。

ハートは自己である

弟子　シュリ・バガヴァンは、ハートは意識の座であり、自己と同一のものであると言われます。ハートとは正確には何を意味するのでしょうか？

マハルシ　ハートについての問いが起こるのは、あなたが意識の源を求めることに興味があるからである。深く考えるすべての心にとって、「私」およびその本性を探究することは、いやおうのない魅力である。

神、自己、ハート、意識の座、それをどの名で呼ぼうと、すべて同一のものである。把握されるべきことは、ハートとは、それなしには何ものも存在しえない、人の存在の中核そのものを意味し、中心を意味するということである。

弟子　しかしシュリ・バガヴァンは、ハートの位置を身体内の特別の場所、胸の中央から指二本分だけ右に寄った所にあると、明細に述べられました。

マハルシ　そうだ。それは聖者たちの信仰証明による霊的体験の中心である。この霊的なハートの中心は、血液を送り出す筋肉器官である心臓と同じ名前ではあるが、まったく異なったものである。霊的なハートの中心は、身体の器官ではない。ハートについてあなたが言えることのすべては、それがあなたの存在の中核そのものである、ということである。ハートに相当するサンスクリット語[*1]のフリダヤムが意味しているように、あなたは、眼を覚ましていようと眠っていようと、夢を見ていようと仕事をしていようと、サマーディ（三昧）に溶けていようと、本来はそれと一体なのである。

弟子　その場合、それは身体の中のある部分にどうして限定されるのでしょうか？ ハートを一か所に固定することは、空間と時間を超えたものであるそれに、生理学上の限定を加えることを意味するのではないでしょうか？

マハルシ　それは正しい。ハートの位置について問う者は、彼自身を身体とともに、あるいは身体の中にあると見なしている。今質問をしながら、あなたは自分の身体のみがここにあって、あなた自身はどこか別の場所から話していると言えるかね。そうではない。あなたは自分の身体的存在を認めている。物理的な身体についての言及がなされるのは、このような見地からである。

真実を言えば、純粋な意識は分割できないものであり、部分を持たないものである。

それは、姿も形も持たず、内も外もない。右も左もない。ハートである純粋な意識は、すべてを含み、何ものもその外になく、それを離れて存在しない。それが究極の真理である。

この絶対的な見地に立てば、ハート、自己、意識は、物理的な肉体の内のいかなる特定の場所も占めることはできない。それはなぜか。身体は、それ自身が心の投影であるにすぎず、心は光り輝くハートの貧弱な反映にすぎないからである。すべてのものがその内に含まれるそれが、どうして現象的な現われであり、極微のものにすぎない物理的関係の内の小部分に、限定されるはずがあろう。

しかしながら、人々はこのことを理解しない。彼らは、物理的な肉体および世界の言葉で考えずにはいられない。例えばあなたは言う、「私はヒマラヤの彼方の自分の国から、はるばるとこのアシュラマム（瞑想場）にやって来た。」しかしそれは真実ではない。すべてのものに浸透している一者、あなたが本当はそれである霊に対して「行く」も「来る」もあるわけはなく、いかなる行動もあるわけがない。あなたはつねに、これまであなたが在りつづけたそこにある。移動し、このアシュラマムまで運ばれてきたものは、あなたの肉体である。これは単純な真理である。けれども、自分を対象世界の中に住んでいる主体であると見なしている人々にとっては、こういうことは、すべて何かしら幻想的なことのように思われる！

物理的な肉体の内に、ある一定の場所がハートのために与えられているということは、一般的な理解の水準に降りてきたときにのみ言えることである。

弟子 それでは私は、「シュリ・バガヴァンの『ハートの中心の体験は、胸の内の一定の場所において行なわれる』という言葉を、どう理解すればよいのでしょうか？

マハルシ あなたが、ひとたび真実で絶対的な立場に立ち、純粋意識としてのハートは、時間と空間を越えたものであることを認めるならば、その正確な遠近法の中で残余のことを理解するのはたやすいことであろう。

弟子 私がハートの位置について質問をしてきたのは、そのことを踏まえたうえで言っているつもりです。私はシュリ・バガヴァンの体験についてお尋ねしているのです。

マハルシ 物理的な肉体にはまったく関係がなく、心を超えたものである純粋意識は、直接体験の問題である。聖者たちは、ふつうの人々が身体的な存在を知っているのと同じように、肉体のない永遠の存在を知っている。けれども意識の体験は、肉体がない場合と同様に肉体的な知覚を伴っていても起こりうる。純粋意識の肉体のない体験においては、聖者は時空の彼方にあり、ハートの位置についての問いなどはいささかも起こらない。

しかしながら、物理的な身体は純粋意識を離れては存在できないものであるから、肉体的な自覚も純粋意識によってやはり支持されるべきなのである。前者は、その本性により制限されているから、無限であり永遠である後者と同時共存することはけっしてできない。身体意識は、聖者がその同一性を実現した純粋意識の、原子のような縮図的な反映であるにすぎない。だから彼にとっては、身体意識はいわば、自己充足する彼自身である無限の意識のただの反射光である。聖者が肉体的存在を知覚しているのは、このような意味においてだけである。純粋意識としてのハートの、肉体のない体験の間じゅう、聖者は肉体の意識はまったくないので、その絶対経験は、彼が肉体的な知覚があるときになされる一種の呼び戻し感覚によって、物理的身体の制限内に位置づけられるのである。

弟子　私のようにハートの直接体験もなく、したがってそれを呼び戻すこともできない者にとっては、そのことは理解するのがいくぶんむずかしいように思われます。ハートそのものの位置について、おそらく私たちはある種の推理作用に頼らねばならないでしょう。

マハルシ　ハートの位置の決定が、ふつうの人々の場合にあっては推理作業に頼らねばならないとしたら、この質問はほとんど考えるに値しないものである。あなたが頼らねばならないのは推理作業ではない。それは、まったく正しい直感に頼るのである。

弟子　誰にとっての直感でしょう？

マハルシ　ある人にとっての、そしてすべての人にとっての直感である。

弟子　シュリ・バガヴァンは、直感的なハートの知識について保証してくださいますか？

マハルシ　いや、ハートについてではない。あなたの言うハートの位置についてである。

弟子　シュリ・バガヴァンは、私が物理的身体の内に直感的にハートの位置を知っている、と言われるのですか？

マハルシ　なぜ違うのかね。

弟子　（自分自身を指差しながら）それは私個人にとってです。シュリ・バガヴァンが言われていることは、そうではないのですか？

マハルシ　そうだ。それが直感である！　今の仕草で、あなたは自分自身をどう表現しようとしたのかね。あなたは自分の指を、胸の右側に置いたのではなかったかね。それが正確にハートの中心の位置である。

弟子　それでは、ハートの中心の直接知識がない間は、その直感に頼らねばならないのですね？

マハルシ　それで困ることがあるかね。小学生が「ぼくは計算を正しくやったよ」と言うときや、「ちょっとひとっ走りして本を持ってこようか」と言うとき、その子どもは、計算を正しくした頭を指差すだろうか、それともあなたの所へ本を持ってこようとしている両足を指差すだろうか。いずれの場合も彼の指は、まったく自然に胸の右側を差し、そうすることによって、彼の内なる「私」である源がその位置にあるという深い真理を無意識に表明するだろう。彼の自己そのものであるハートを、このようにして表わすものは、まったく正当なものであるこの直感である。そのふるまいはまったく無意識であり、普遍的であり、言ってみればすべての人々に共通する。

物理的な身体の内なるハートの中心の位置に関して、これ以上に強力な証拠が必要であろうか。

弟子　けれどもある聖者は、霊的体験は両眉の間の座において感じられると言っているそうです。

マハルシ　前にも述べたように、主体と客体の関係を超えるのは、究極の完璧な実現だけである。それが超えられれば、どこで霊的な体験が感じられようと問題ではない。

弟子　けれども質問は、二つの内どちらの見解が正しいのかということなのです。一つは、霊的体験の中心は両眉の間に位置している。もう一つは、それはハートにあると言います。

マハルシ　修行の目的のためであれば、あなたは両眉の間に集中してもかまわない。それはバーヴァナー、つまり心の想像的な黙想へと導くだろう。けれども至高の状態であるアヌバーヴァ、つまり実現にあっては、あなたはまったく自己同一化され、あなたの個人性は完全に溶かされて、心を超えたものになる。そうすれば、区別し分離する主体としてのあなたによって経験される対象物化された中心などというものはありえなくなる。

弟子　私はいささか異なった意味で質問をしたいのです。両眉の間という位置は、自己の場であると言いうるのでしょうか？

マハルシ　あなたは、自己が意識の究極の源であることを認め、それは心の三つの状態（眼覚め、夢、眠り）のすべてを通じて生きていることを認める。けれども、ある人が瞑想をしていて眠りに襲われたとき、何が起こるかを見てごらん。眠りの最初の徴候は、彼の頭部がこっくりすることである。もし自己が眉の間、あるいは頭部のどこかに位置を占めているならば、そのようなことは起こりえない。

眠っている間に、自己の経験は両眉の間には感じられないのだから、自己はしばしばその位置を変えるという馬鹿な主張をせずしては、その中心がそこにあると言うことはできない。

事実は、サーダカ（修行者）は、彼が心を集中するどの中心（チャクラ）において体験を得てもかまわない。けれども、この理由のために、彼が体験する特別の位置は、イプソ・ファクトすなわち自己の座にはならないのである。

聖カビールの息子、カマルについてのおもしろい話がある。[*2] この物語は、頭部が自己の座とは考えられないことを示す、一例を提供するだろう。

カビールは、激しくシュリ・ラーマに帰依しており、彼の愛する主の讃歌を歌う者には必ず食事を与えるのだった。けれどもあるとき、帰依者たちの集まりを前にして、食事を用意する資金がたまたまカビールにはなかった。それでも彼は翌朝までに必要なだけのものを用意しようと思っていた。彼と息子は、夜になってから必要な食糧を獲得すべく出かけて行った。

物語は飛んで、親子はうまく商人の家の壁にあけた穴から食糧を運び出した。その後で息子は、再びその家の中に入り、家の人々を起こして、泥棒なりの仁義を守ってその家に夜盗が入ったことを告げた。家の人たちが起き出したとき少年は、壁穴の向こうにいる父親と合流してうまく逃げ出そうとしたが、体が穴の入り口にひっかかってしまった。追いかけてくる家の人々に捕まらないよう（もし捕まってしまえば翌朝帰依者仲間に食物を与えることができなくなってしまうので）、彼は父親に首を切り落としてそれを持って逃げるようにと言った。カビールはそうした。盗んだ食糧と息子の首をかかえてうまく逃げきり、家に帰りつくと、秘密の場所にそれを隠しておいた。翌日カビールは、前夜のできごとなどまったく心にとめずにバクタ（帰依者）たちにご馳走を提供した。「それがラーマの御心ならば」カビールは自分自身に言っていた。「息子は死なねばならないのなら、どうか御心が行なわれますよう！」夕方になってカビールの一行は、いつものように行列を作ってバジャナ（唱名）をしながら町に出かけて行った。

一方、盗人に入られた家の人は、カマルの何の手がかりにもならない首のない身体を差し出して、一件を王様に告げた。身もとを調べるために王様は、その身体を町の大通りに目立つように縛りつけておいた。そうしておけば、その死体を請求に来るか持って逃げようとする人は（死体は親類縁者によってとり行なわれる最後の儀式なしに棄てられてはならないものなので）、ひそかに配置されている警官に尋問され、逮捕されるはずであった。

カビールとその一行は、大声でバジャナをしながら大通りをやって来た。すると驚いたことには、カマルの首のない身体が（それは確かに死んだと見なされていたのだが）、バジャナの一行の歌の調子に合わせて、両手を打ちはじめたのだった。

この物語は、頭ないし両眉の間の位置が自己の座であるという主張を反駁するものである。戦場にあって戦っているひとりの兵士の頭が、突然強力な刀のひと振りで切り落とされても、身体は倒れて死ぬ前のわずかな間ではあるが、あたかも戦っているかのように手足を動かし、走りつづけるということにも注目するべきである。

弟子　しかしカマルの身体は、何時間も前に死んだのでしょう？

マハルシ　あなたの言う死は、カマルにとっては本当は少しも特別の体験ではない。ここにカマルがもっと年少だった頃起こった物語がある。

少年のカマルには同じ年頃の友だちがあり、おはじきをしては遊んでいた。二人が決めた規則は、二人の内のどちらかが一ゲームでも二ゲームでも借りを作ったら、次の日に同じだけその借りを返す、というものだった。ある日の夕方、カマルの貸しでゲームを終わって別れた。次の日「お返し」をしてもらいに、カマルは友だちの家に行った。ところが友だちはヴェランダに横たえられていて、親兄弟がそのそばで泣いていた。「いったいどうしたの？」カマルは彼らに尋ねた。「この子は昨日の夕方ぼくとゲームをやって、今日はぼくに借りがあるんだ。」親兄弟は、その子は死んでしまったのだと言って、いっそう激しく泣いた。「違うよ」カマルは言った。「この子は死んでなんかいないよ。ただぼくに借りたゲームを返すのがいやなもんで、死んだふりをしているだけだよ。」親兄弟はとんでもないというように、その子が本当に死んでおり体はもう冷たく硬くなっているのを、自分で確かめるようカマルに言った。「だけど、これはみんなこの子がふりをしているだけなんだよ。ぼくは知ってる。体が硬くて冷たいくらいが何だっていうの。ぼくだってそのくらいのことはできるよ。」そう言うとカマルは横になり、またたく間に死んでしまった。

かわいそうに親兄弟は、それまで自分の子どもが死んだのを泣き、苦しみ、ショックを受けていたのに、今度はまたカマルの死のためにいっそう泣かねばならなかった。けれどもカマルは、やがて背を持ち上げて起き上がり、「今見たでしょう？　ぼくはあなたたちが死んだと思う状態だったけど、生きて立ち上がって、蹴とばしています。この子も、そんなふうにぼくを騙そうとしているだけなんだ。だけど、こんなことではぼくは騙されやしないぞ。」

この物語は、カマルの生まれつきの聖性が死んだ子どもに生命を与え、カマルは相手に貸していたゲームを始めることで終わる。この寓意は、身体の死は自己の滅亡ではないということである。その身体への関係は、誕生や死によって制限されることはない。ましてや、物理的身体内のある場所が、自己の場として経験されるからといって、そこに自己が限定されることはない。たとえばディャーナ（禅定）の実修は、両眉の間でなされるが、そこに自己の場が限定されることはない。自己覚醒の至高の状態は常在であり、生死と同様に心の三つの状態をも超越している。

弟子　シュリ・バガヴァンは、自己はどの中心、つまりチャクラにおいても作用するものの、その座はハートの内にあると言われますが、激しく眉の間に集中すること、つまりディャーナを実修することによって、そこがおのずから自己の座になるということは不可能なのでしょうか？

マハルシ　あなたの注意を制御する一定の場所を決めることによって、単に自己集中の実修をする段階にあるかぎりは、自己の座についてどんなに考えてみたところで、それはただの理論づけにすぎない。あなたは、自分自身を主体であり見る者であると見なしているので、あなたが注意を集中するその場所は見られる対象物になってしまう。これはただのバーヴァナー（瞑想の連続）である。そうではなくて、あなたが見る者自身を見るならば、あなたは自己に溶けて、それと一つになる。それがハートである。

弟子　それでは、眉の間に集中する実修をやってはいけないものでしょうか？

マハルシ　どんなディャーナの実修も、その行き着くべき結果は、サーダカ（修行者）がそこに心を集中するその対象が、主体から分離され区分されたものとして存在することを止めることである。それらは（主体と客体）、一つの自己となる。それがハートである。

眉の間のチャクラに集中することは、サーダナのひとつであり、それによって想いはしばらくの間は効果的に制御される。その理由は、すべての想いは外へ向かう心の活動であり、想いは、しばらくの間は、それが物理的なものであれ心理的なものであれ、「見ること」に従うからである。

注意を両眉の間に固定するこのサーダナは、ジャパ（唱名）といっしょに行なわれるべきだ、ということを覚えておきなさい。なぜなら、物理的な眼の次に大切なものは物理的な耳であり、両者が心を制御するか紛らすかしてくれる。心の眼（それは対象物を心で見ることである）の次に大切なものは、心の耳である。心の耳とは、心で語を発することである。両者は心を制御し、それによって心を強くする。あるいは、心を紛らし、それによって心を追い払う。心の眼を、両眉の間のような中心に固定している間は、あなたは心の中でナーマ（神の御名）かマントラ（秘密の音節）を唱える実修をする必要がある。そうしないと、あなたはやがてその集中の対象点を保つことができなくなるだろう。

今述べたようなサーダナは、ディヤーナの目的に選ばれたチャクラ（エネルギーの中心点）とともに――それを何と呼ぼうとかまわないが――御名、真言、あるいは自己との同一化へと導くものである。純粋意識、自己あるいはハートが究極の実現である。

弟子　なぜシュリ・バガヴァンは、ある一定のチャクラへ集中する実修を、私たちに直接示してくださらないのでしょう？

マハルシ　[*3]ヨーガ・シャーストラによれば、サハスラーラつまり脳が自己の座であるという。[*4]プルシャ・スークタはハートがその座であると宣言する。サーダカ（修行者）が、さまざまな疑問の中をためらうことなく舵を取って行けるように、私は彼に〈「私」性'I'-ness〉、あるいは〈「私である」性'I-am'-ness〉という手がかりまたは糸を取り上げるように勧め、それをたぐってその源に到るよう勧める。なぜなら、まず第一に「私」という注目については、誰もどんな疑問もさしはさむことはできないからであり、次には、どんなサーダナが採られるにせよその究極の目標は、あなたの経験の原初の根拠である〈「私である」性〉の源を実現することにあるからである。

それゆえに、あなたがアートマ・ヴィチャーラ（自己探究）を実修すれば、あなたは自己であるハートに到るであろう。

＊1　訳註
一九四ページ参照

＊2　訳註
一四〜一五世紀、インドの宗教改革家。終生織工として現実生活の中で神への愛と、現世の解脱を説き、カースト制度や種族差別、祭祀儀礼などを否定した。諸宗教間の区別を取り払ったが、とくにラーマ信仰とイスラム教を折衷したことで知られる。彼の残した多くの宗教詩は、今も民衆に親しまれている。
＊3　訳註
ヨーガに関する聖典群の意味であるが、具体的にはパタンジャリが著わした「ヨーガ・スートラ」を指していると思われる。
＊4　訳註
リグ・ヴェーダの讃歌の中でも最も神聖なものの一つ。なお、プルシャはウパニシャッドにおける重要な概念で、「精神」あるいは「神我」と訳出される。心臓の内部に存在するケシ粒ほどの神我をプルシャと呼ぶ、とウパニシャッドには述べられている。

アハム（私）とアハム・ヴリッティ（私であること）

弟子　エゴ（私）に導かれた探究が、エゴ自身の非実在を明らかにできるものでしょうか？

マハルシ　エゴの現象的な存在は、あなたが、そこからアハム・ヴリッティ（私であること）が起こってくるその源に潜りこむことによって越えられる。

弟子　しかし、アハム・ヴリッティは、エゴが自身を表わしている三つの形の内の一つにすぎないのではないでしょうか？　ヨーガ・ヴァシシュタ[*1]その他の古い聖典は、エゴを三重の形を持ったものとして述べています。

マハルシ　そのとおりである。エゴは三つの体、粗大体、微細体、因果体を持っていると述べられている。しかしそれは分析的解明の目的でされたものにすぎない。もし探究の方法がエゴの形に依存しているとすれば、いかなる探究もすべて不可能になると考えなくてはなるまい。なぜかと言うと、エゴが身につけるさまざまな形は無数だからである。ジュニャーナ・ヴィチャーラ（知識の探究）のためには、それゆえ、エゴはアハム・ヴリッティと呼ばれる一つの形しか持っていない、という基本の上に進められるべきである。

弟子　しかしそれは、ジュニャーナを実現するには不適当なものになるかもしれません。

マハルシ　アハム・ヴリッティという手がかりによる自己探究は、ちょうど犬が匂いによってその主人を追い求めるのと似ている。主人が一定の距離の見えない場所にいて、そこは犬にとって追跡不可能ではない所だとしよう。犬にとって主人の匂いは、間違いのない手がかりであり、彼の服装や骨格や姿などは問題にならない。匂いをたどって、犬は迷わず主人を尋ねてゆき、結局は彼を見つけ出す。

弟子　他のヴリッティ（性質）から区別されて、アハム・ヴリッティの源の探究が、なぜ自己実現への直接の道と考えられねばならぬのか、という疑問が残ります。

マハルシ　アハムという言葉そのものが非常に暗示的である。この言葉の二つの綴り、アとハはサンスクリット・アルファベットの最初と最後のものである。この言葉によって連想される暗示は、それがすべてを含むということである。なぜか。アハムは存在そのものを意味するからである。

「私」ということ、あるいは「私であること」という概念は、慣用的にアハム・ヴリッティ（「私」性）として知られているけれども、それは本当はその他の心のヴリッティのようなものではない。なぜかというと、アハム・ヴリッティは、心のすべてのヴリッティのそれぞれに等しく根本的に関係しており、他のヴリッティはそのような根本的な関係性を持っていないからである。アハム・ヴリッティはそれ自身で、他のいかなるヴリッティなしには他のヴリッティに依存することもなく存在することができる。それゆえに、アハム・ヴリッティは、その他のヴリッティとはそもそもの初めから異なっている。

アハム・ヴリッティの源を探ることは、エゴのさまざまな形のひとつの基本を探ることであるばかりでなく、そこから「私であること」が起こってくる源そのものを探ることにもなるのである。別の言い方をすれば、アハム・ヴリッティという形においてエゴの源を尋ね、実現することは、必然的にすべての人々の内なるエゴを、ありうるかぎりの形において超えることを意味している。

弟子　アハム・ヴリッティが、エゴのすべての形を根本的に含んでいることは認めますが、なぜそのヴリッティだけが自己探究の道として選ばれねばならないのでしょうか？

マハルシ　それが、あなたの存在にとってこれ以上滅することのできない、ひとつの根拠だからであり、その源を求めることが、自己を実現するために採られる、唯一の実行可能な道だからである。エゴは因果律の身体を持っていると言われているが、それをどうやってあなたの探索の主題とすることができるかね。エゴがその形をとるときには、あなたは眠りの暗闇の中に浸されている。

弟子　しかし、微細な姿と因果の姿にあるエゴは、心が眼覚めている間に行なわれるアハム・ヴリッティの源への探究をとおしては、やはりとらえることはむずかしいのではないでしょうか？

マハルシ　そうではない。アハム・ヴリッティの源へと探り入ることは、エゴの存在そのものに触れることである。それゆえに、エゴの形の微細性は実質的な問題ではない。

弟子　まったくエゴに依存していない、条件づけられない、純粋な自己という存在を実現することが目標であるのに、アハム・ヴリッティという形のエゴに関する探究をすることに、どんな利益がありえましょうか？

マハルシ　機能上の観点からすれば、形、活動性、それを何と呼ぼうとかまわないが

（それは次第に消えてゆくものなので、実質的なものではない）、エゴは一つの、たった一つの特性を持っている。エゴは、純粋意識である自己と、不活発な生命力のない物理的身体との間の結び目として作用する。エゴはそれゆえに、チット－ジャダ・グランティ（結び目としての意識）と呼ばれている。アハム・ヴリッティの源に探り入るうちに、あなたはエゴの根本的なチット性（意識性）を得る。この理由によって、探究は必ず自己の純粋意識の実現に導くのである。

弟子　ジュニャーニによって実現される純粋意識と、経験の原初的な根拠として受容される「私であること」との間にはどのような関係があるのでしょうか？

マハルシ　純粋存在である分割されざる意識は、あなたが本来それであるハートつまりフリダヤムである。フリダヤムという言葉は、フリットとアヤムから成っており、その意味は、「ハートは私である」である。ハートから、その人の経験の原初的な拠点である「私であること」が現われてくる。それは、それ自身でスッダー・サットヴァ[*2]（純粋な性質）を持っている。ジュニャーニの内に息づく「私」が現われるのは、このスッダー・サットヴァ・スヴァルーパ（ラジャス＝激しい性質や、タマス＝濁った性質、に汚染されていないものとしての）の内においてである……。

弟子　ジュニャーニにあっては、エゴはサットヴィック（純粋）な姿で息づいているので、実在的なあるものとして現われる。それでいいのでしょうか？

マハルシ　違う。どんな姿にせよ、エゴの存在は、ジュニャーニにあってもアジュニャーニにとっても、それ自身現われにすぎない。けれどもアジュニャーニは、眼が覚めている状態や世界が実在であるという考えに迷いこんでいるので、エゴもまた実在的なものとして現われる。アジュニャーニは、ジュニャーニが他の人々と同じようにふるまうのを見て、ジュニャーニもまた個人性を有するのだという何らかの観念を仮定せざるをえなくなるのだ。

弟子　それではジュニャーニにあっては、アハム・ヴリッティはどのように機能するのでしょうか？

マハルシ　ジュニャーニにあっては、それは何の機能も果たさない。ジュニャーニのラクシャ（注目）は、ハートそのものである。彼は、ウパニシャッド聖典群の中でプラジュニャーナ（絶対知識あるいは般若）と呼ばれている、分割されざる純粋意識と同じものであり、一つだからである。プラジュニャーナはまさにブラフマンであり、絶対であり、プラジュニャーナの他にブラフマンはない。

弟子　それではアジュニャーニの場合は、この一にしてただ実在であるものについての無知が、不幸にもどのようにして現われるのでしょうか？

マハルシ　アジュニャーニは、ハートから放たれる純粋意識の光の反射にすぎない心だけを見ている。ハートそのものについては、彼は無知である。なぜかというと、彼の心は外を向いており、けっしてその源を探ろうとはしないからである。

弟子　ハートから放たれる、無限の分割されざる意識の光が、アジュニャーニに顕現するのを妨げているものは何でしょうか？

マハルシ　壺の中の水が、限られた狭い範囲の中に巨大な太陽を映すのとまったく同じで、ヴァーサナ、つまり個々人の心の潜在的な傾向性は、反射の媒介として活動し、ハートから放たれるすべてに浸透する無限の意識の光を受け取る。そして心と呼ばれる現象の反射の形をとって存在する。この反映だけを見てアジュニャーニは、自分を限りある存在、つまりジーヴァ（個我）であるという信念に迷いこんでしまう。

心が、アハム・ヴリッティの源を尋ねることをとおして内面に向かえば、ヴァーサナは絶滅され、心と呼ばれる反映現象もまた、反射の媒体がなくなるので、ただ一つの実在の光、ハートの内に溶けて消えてゆくのである。

修行者に不可避のものとして求められているのは、アハム・ヴリッティの源を熱心に一点に集中して問いつづけることである。

弟子　しかし、その人がどれほど努力をしても、それは眼が覚めている状態の心に限られています。心の三つの状態の内の一つにすぎない状態で行なわれる探究が、どうして心そのものを打ち壊すことができるのでしょうか？

マハルシ　アハム・ヴリッティの源の探究は、もちろんサーダカ（修行者）の眼が覚めているときに行なわれる。彼の心が打ち壊されているとは言いがたい。けれども、自己探究の過程そのものが、三つの心の状態の交代や相互変化を露わにすると同時に、激しく内面への探究を続けていれば、それに影響を及ぼすことのできない現象世界のものである三つの心の状態そのものをも明らかにするだろう。

自己探究は、心の激しい内向性をとおしてのみ本当に可能なものである。このようなアハム・ヴリッティの源への探究の結果として、最後に実現されるものは、分割されざる純粋意識の光としてのハートそのものである。反映された心の光は、その中に完全に溶けこんでしまう。

弟子　ジュニャーニにとっては、それでは心の三つの状態の差別は全然ないのでしょうか？

マハルシ　あるはずがない。心そのものが、意識の光の中に溶かされて失われてしまっているのだから。

ジュニャーニにとっては、三つの状態のすべては等しく非実在である。けれどもアジュニャーニはこのことが理解できない。なぜかというと、彼にとっては実在の基準は眼が覚めている状態だからである。ジュニャーニの実在の基準は、実在そのものである。この純粋意識の実在は、その本性に従って永遠であり、あなたの言う、眼覚め、夢、眠りという三つの状態をとおして等しく息づいている。その実在と一つになった人にとっては、心も心の三つの状態もないのみならず、内面性も外面性もないのである。

その状態は、永遠に醒めた状態である。彼は永遠の自己に覚醒したのである。また、その状態は永遠に夢見ている状態でもある。なぜなら、世界は、彼にとってはくりかえし現われてくる夢現象以上のものではないからである。その状態はまた、永遠の眠りの状態でもある。なぜなら、彼はいつでもつねに「身体が私である」という意識を持たないからである。

弟子　それでは私は、シュリ・バガヴァンは、眼覚め－夢み－眠り、の状態で話されていると考えるべきなのでしょうか？

マハルシ　あなたの意識経験が、今は、心が外側に向かっている状態に限られているので、この瞬間を眼が覚めている状態と呼ぶのである。それにもかかわらず、ずっとこの間、あなたの心は自己に対し眠り続けてきた。それゆえにあなたは今、本当に深く眠っている。

弟子　私にとって、眠りとはただの空白です。

マハルシ　そうだ。あなたの眼が覚めている状態は、ただ休みない心の泡立ちにすぎないのだから。

弟子　空白という言葉で言いたかったことは、眠りの中では私はほとんど何も知覚しないということなのです。それは私にとって、非在と同じようなものです。

マハルシ　しかしあなたは、眠っている間じゅう存在していた。

弟子　そうであったとしても、私はそれを知りませんでした。

マハルシ　眠っている間に存在していなかったなどと、真面目に言ってはいけないよ（笑う）。あなたが、ミスターXとして眠ったとして、起きるときにはミスターYになっているのかね。

弟子　私は、おそらくは記憶という働きによって、自己同一性を知ります。

マハルシ　そうだとすれば、眼覚めの持続がないかぎりどうしてそれが可能だろうか。

弟子　しかし私は、その眼覚めを知らなかったのです。

マハルシ　違う。眠りの中で知覚していない、と言っているのは誰か。それはあなたの心である。けれども、眠りの中には心がなかったのか。眠っている間のあなたの存在や経験に関して、心があったかどうかを証明することには、何の価値もない。眠っている間のあなたの存在や知覚を反証することは、あなたの出生を反証するために、あなたの息子の証言を求めるようなものである。

前に、あなたに、存在と眼覚めとは異なった二つのものではなくて、一つの同じものであると言ったことを、覚えているかね。何かの理由で、あなたが眠りの中で存在していたという事実を認めることに困惑を感じるとしても、あなたはその存在をやはり知っていたということを信じなさい。

あなたが、眠りの中で本当に知らなかったものは、あなたの身体存在である。あなたは、この身体的な眼覚めを、永遠である自己の真実の目覚めと混同してしまっている。「私である」ことの源であるプラジュニャーナは、三つの通過性の心の状態に影響されることなく息づいており、そこなわれることなく、あなたの自己同一性をこのように支えているのである。

プラジュニャーナはまた、三つの心の状態を越えたものでもある。なぜなら、それは三つの状態なしに在りうるし、三つの状態があっても在るからである。

あなたが、アハム・ヴリッティをその源へたどることによって、いわゆる眼が覚めている間じゅう求めなくてはならないものは、その実在である。この探究を激しく実践すれば、やがて、心もその三つの状態も非実在であり、あなたは永遠であり、純粋存在の無限の意識であり、自己すなわちハートであることが了解されるだろう。

＊1 訳註
八世紀後半に著わされた書物の名前。仏教やアドヴァイタ哲学の影響を強く受け、ラーマーヤナにもとづいて書かれた特異な書であるという。

＊2 訳註
ヒンドゥーの意識論のあるものは、意識を三つの質に分析する。一つはサットヴァで純質と訳され、一つはラジャスで激質と訳され、一つはタマスで濁質と訳される。あらゆる意識はこの三つの質の混合である。純粋意識とは、ラジャスやタマスをぬぐい去ったサットヴァだけの質である。スヴァルーパは形を越えたものの意。

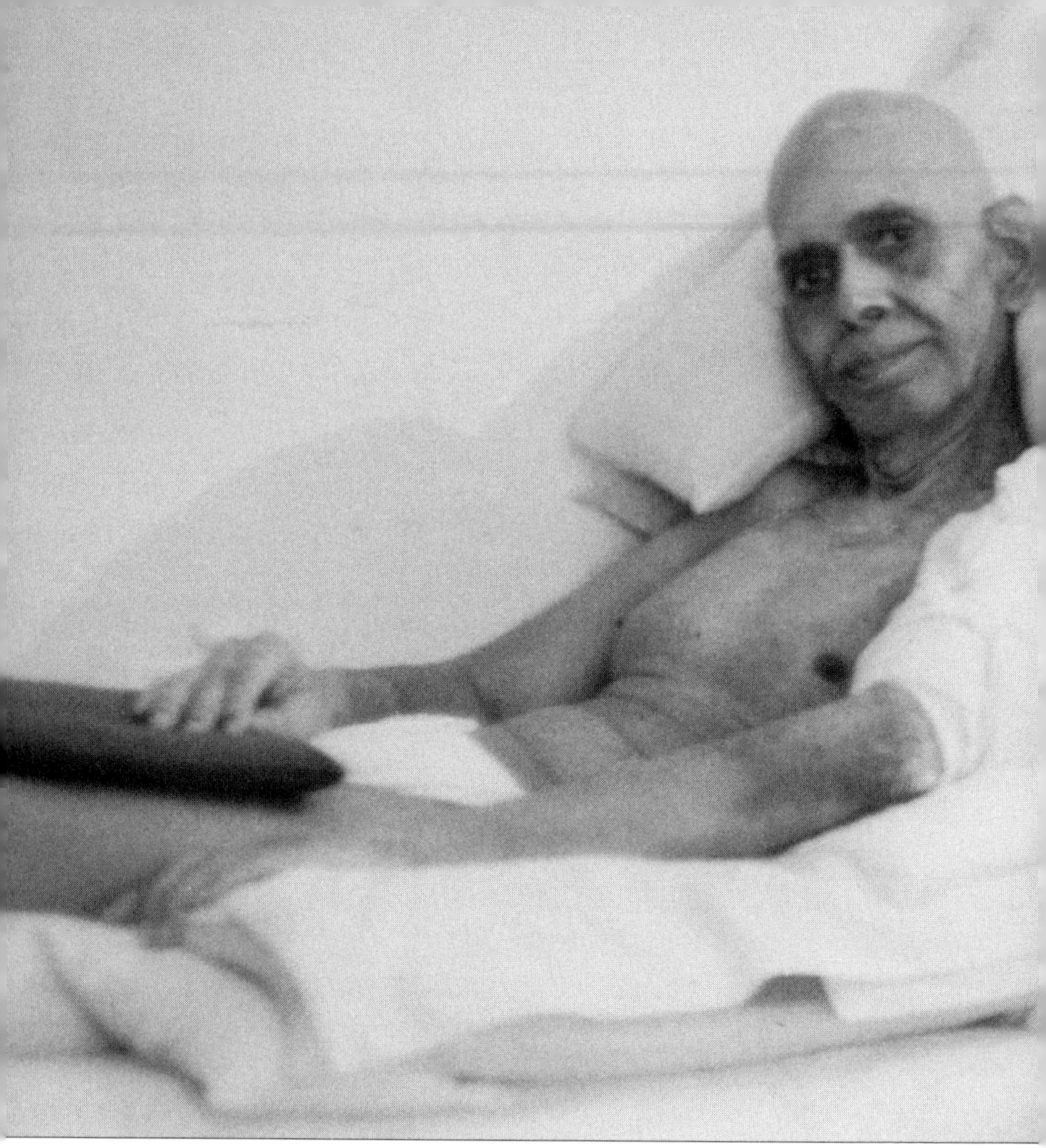

●——入寂10日前のラマナ・マハルシ

あとがき

「私は誰か」という究極の問いを私たちの世紀に提出した、南インドの沈黙の神人、ラマナ・マハルシの言葉を、ここに訳出してお届けすることになった。このような仕事を恵まれたことを、まず第一に天地に深く感謝している。

幸いなことに、昨今、インドという思想風土は、単に仏陀が法を説かれた天竺《てんじく》国であることや、ウパニシャッド哲学が生まれた国であるにとどまらず、また、ノーベル賞詩人のタゴールや非暴力独立運動を指導した聖ガンジーの国であるにとどまらず、多くの現代人である私たちに精神的な衝撃を与える、まさに現代的な思想風土として親しまれ、熱望され敬愛されはじめているかのように見える。もっと親しまれ、もっと熱望され、敬愛されてよいと私は思っている。

私が知るかぎり、インドには一九世紀から今世紀にかけて相ついで二人の神人が出現した。その一人はラーマクリシュナ（一八三六〜一八八六）であり、もう一人がここに訳出したラマナ・マハルシである。

ラマナ・マハルシは一八七九年に、セイロン島にほど近い南インドのティルチュジーという村で生まれた人である。五十キロほど離れたところにマドゥライというかなり大きな都市がある。マドゥライには、インドでも最大規模の寺院のひとつがあるというから、信仰の盛んな都市であろう。

ティルチュジーの村からマドゥライのハイスクールに進み、レスリングやボクシングや水泳が大好きな少年だったラマナに、あるとき、不意打ちのように突然死の恐怖が襲ってきた。死の恐怖は彼を大変に苦しめた。しかし彼はその恐怖を正面から見つめ、床に体を伸ばし、自ら想像上の死に入り、呼吸すらも止めて死を体験した。その体験の中で彼は、死ぬものは自分の肉体であり、自分の自己は死ぬはずのものではないことを知った。十七歳のラマナは引きつづき仮死状態にありつつ、サマーディに入り、その中で自分の真の源泉である自己、ヒンドゥー民族がアートマンと呼ぶものに融合したもののようである。これがただ一日で起こったことなのか、数日あるいは数週間の内に起こったことなのかは定かでないが、この体験をとおしてラマナは以前とはすっかり違った少年になってしまった。まもなく彼は、「私は、私の父を尋ねて、彼の命令に従ってここから出発しました。これはただ、高潔な仕事への船出にすぎません。ですから、誰もこのことを悲しむ必要はありません。この計画にはお金は要りません」という書き置きを残して、学校の寄宿舎を出、そのままティルヴァンナマライの寺院に向かった。

アルナーチャラという聖なる山のふもとのこの寺院で、ラマナは三年間誰とも口をきかず、ある神官の好意で食物を施してもらいつつ、サマーディに入りっぱなしの状態で過ごした。その後アルナーチャラ山に登り、山中の洞窟を住みかとして、ときに食を乞いに町に降りる他は、もっぱら瞑想とサマーディの日々を送った。しかしあるときから、町に住む老婦人が自分で食物を山中まで運んでくるようになった。この頃から若いラマナに一人の弟子ができ、ともに暮らすことになる。沈黙は自然にとけ、少しは話をするようにもなった。なお数年間この洞窟に住み、ラマナが自己の霊の最深部にしっかりと定住しうるようになった頃、ガナパティ・シャストリという有名な学者がラマナを訪ねてきた。シャストリは学問だけでなく霊の道を真剣に尋ねている修行者でもあったので、ラマナに出会ってたちまち帰依した。シャストリはヴェロアという自分の町に一団の彼自身の信者を持っていたが、そこに帰って、自分はアルナーチャラでマハルシ、つまり大いなる賢者に出会ったと告げた。このときからラマナは、マハルシと呼ばれるようになった。独居の時期は終わりつつあった。ラマナ・マハルシに従う人が少しずつふえはじめた。住居が、山の低い尾根に作られた草庵に移された。さらにまた何年かして、マハルシを訪う人々が多くなってくると、アルナーチャラ山の山麓に大きな瞑想場ができ、彼はそこに住むようになった。

　ラマナ・マハルシの教えの中で、最も特徴的なものは「沈黙」である。本書の中にも「沈黙」はひとつの本質的なテーマとして提出されている。実際にラマナ・マハルシを訪ね、その最初の西洋人の弟子となったポール・ブラントンの記述によれば、マハルシの瞑想場では終日、針一本落ちる音でも聞こえるほどの静寂が支配していたそうである。マハルシの本質は「沈黙」にあり、言葉にはない。訪れる人が問うやむにやまれぬ質問に対して、わずかなガイダンスとして出てきた言葉が、記録されてこのように残されたにすぎない。本書を読まれる方は、ここに記されている言葉はまことに氷山の一角であり、真理は「沈黙」の奥にあることに心していただきたいと思う。

　ラマナ・マハルシにあってもうひとつの特徴は、彼が「知」の人であったことである。思弁ではない、血潮の流れる「知」を、ヒンドゥーではジュニャーナと呼ぶが、マハルシこそそのジュニャーナの人であり、「知」の人を呼ぶもうひとつの呼称リシ（賢者）の名にふさわしい人であった。最初に紹介したもう一人の神人ラーマクリシュナが、愛（バクティ）の人であったことと対比すると、興味は深く尽きない。一人の人は「愛」によって神と合一し、一人の人は「知」によって神と合一したのである。「知」は知性ではない。まして知識ではない。知性と知識と知恵の奥にひそむ根本的なあるものをジュニャーナ、すなわち「知」と呼ぶ。

インドが日本の若い人々の興味を引くようになって以来、それはさまざまな形で紹介されてきた。とくにバグワン・シュリ・ラジニーシが一連の書物をとおして解き明かしてきた、インド的な悟りの風景は、この時代へ新しい息吹きを与えてくれるものであった。シュリ・オーロビンドの、思弁的な匂いはするものの、オーロビンド市というひとつの理想都市を作り上げるまでに到った哲学的営為、クリシュナムルティの、神という言葉を極力避けつつそれに至ろうとする純哲学的営為、あるいはまた、裸足の聖者として知られている初代のシルディ(西インドの小都市)のサチャ・サイババ。インド的なるものを支えている、これらの人々の思想や言葉に、現在の私たちは比較的容易に接することができるようになった。

今ようやく、ラマナ・マハルシ、この最もインド人らしいインド人の魂が日本の魂にも知られる時が来たのだと思う。私の手もとにある英文の別の本の中に二十一歳のラマナ・マハルシの写真がのっている。岩を背にしてふんどしを一本しめているだけで、他には何も持っていない写真である(本書所収の「私は誰か」の問答はこの頃行なわれたと言われている。三八ページの写真がそれである)。また同じ本の中に、別のもう一枚の写真がのっている。マハルシが入寂する十日前に撮影されたものというコメントが附してあるが、ベッドにもたれかかってはいるものの、やはりふんどし一本をしめているだけである（二〇二ページ写真）。マハルシの入寂は一九五〇年の四月で、それほど遠いことではない。その生涯をふんどし一本で過ごしたことに、訳者は深い興味を持つ。

訳者は、この十数年来、ラマナ・マハルシの一枚の写真を掲げ仰いできたものである。マハルシ自身は「私はこの肉体ではない」と言われているにもかかわらず、その愚を私は止めることはできない。

やはり十数年前、ティルヴァンナマライのアルナーチャラのアシュラムに滞在したことがあり、現在は鹿児島県の吐噶喇《とから》列島の諏訪之瀬島で漁師をしている長沢哲夫が、私が本書を訳出していることを知って次のような題名のない詩を送ってくれた。

アルナチャラ
ラーマナアシュラムの瞑想室
ラーマナの前に坐る
一つの言葉がくり返される
〝私とは……？〟

アシュラムの食堂
南インド風の豊かな食事
バターミルクをすすりながら
一つの言葉がくり返される
〝私とは……？〟

アルナチャラをまわる田舎みち
アルナチャラをながめ
アルナチャラと口ずさみ
アルナチャラを想い
アルナチャラに礼し
歩きながら
一つの言葉がくり返される
〝私とは……？〟

雲一つない青空が

はてしなく広がる平らな大地と接するところに
陽がかたむきはじめ
みるみるうちに赤くそまっていくのを
アルナチャラの小さな岩に腰をおろし
ながめる
アルナチャラ　火の丘
アシュラムにもどり
ラーマナの姿の前に坐る
〝私とは……？〟

ラーマナが暮らし　息をひきとった小さな小屋
まわりの静けさよりも静かにたたずむ
ラーマナのほほ笑みの輝き

アルナチャラ
目に見えないさまざまな光りがたむろしている

アルナチャラ　限りなくまばゆい光り
人がうまれ　そこに死んでいく
世界がうまれ　そこに消えていく
アルナチャラ　光り
心のむくそこに消えることなく輝き続ける
〝私とは……？〟
とさぐる心のおくそこに
アルナチャラ
アルナチャラ
アルナチャラ　ラーマナ

この詩を読みつつ、私は胸にあふれるものを感じる。

私はまだアルナーチャラを訪れる幸運に恵まれていないが、長沢《ナーガ》が訪れてくれたことで今はそれを肖《よ》しとしている。

なお本書は、アメリカのシャンバラ社から出版された The Spiritual Teaching of Ramana

Maharshi の翻訳である。似た題名の本に、アーサー・オズボーンの編になる The Teachings of Bhagavan Sri Ramana Maharshi in His Own Words があり、師と弟子の問答集である点も同じであるが、別の本である。こちらもいずれ訳出したいと願っている。

終わりに、写真提供その他お力添えいただいた山田孝男さん、橋本創造さんに心からお礼申し上げます。また、本書の発行を企画してくださった、めるくまーる社社長の和田禎男さん、編集部の和田穹男さん、片向佳津子さんに謝意を表するとともに、この小さな出版社が日本の出版文化の新しく清らかな一翼を荷っていることをありがたく思っております。装幀を引き受けてくださった中山銀士さんとは、今回で二度目の共働である。ともに一つの別々の道を歩きつつ、三度目、四度目と共働できたら、と願っています。

一九八二年九月一九日　　　屋久島にて　山尾三省

アルナーチャラの丘の上を
小さな鹿や熊や
豚たちが歩きまわる
大きな象も歩きまわるが
すべて
平和である
ここには主アルナーチャラが
アンナマライの御名によって
浄められた
至高の知識として在り
やってくるものたちの
無知をぬぐい去る
主の恵みに洩れるものは
誰もいない

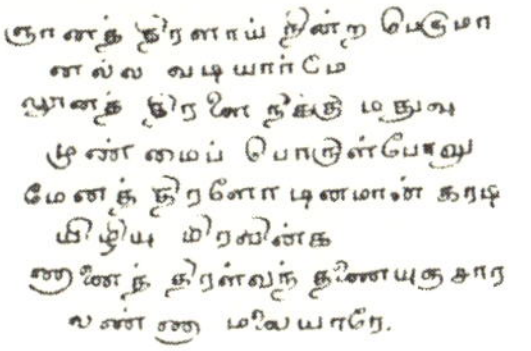
ஞானத் திரளாய் நின்ற பெருமா
னல்ல வடியார்மேல்
ஊனத் திரளை நீக்கு மதுவு
முண்மைப் பொருள்போலு
மேனத் திரளோ டினமான் கரடி
யிழியு மிரவின்கண்
ஆனைத் திரள்வந் தணையுஞ் சார
லண்ணா மலையாரே.

●——ラマナ師自筆による
アルナーチャラ山讃歌

●——アルナーチャラ寺院

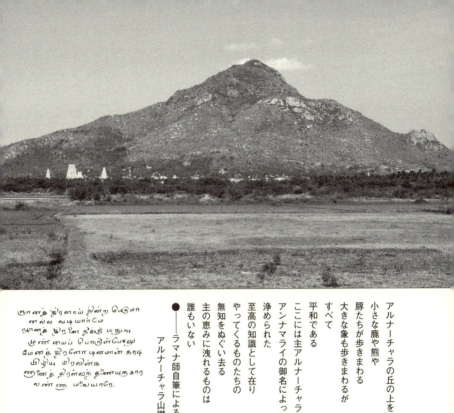

＊本書は一九八二年、めるくまーるより『ラマナ・マハリシの教え』として刊行されました。

謝辞

野草社版を刊行するにあたり、多大なご協力を賜りました皆様に、心よりお礼申し上げます。

Sri Ramanasramam
山尾春美
宮本明子
（敬称略）

訳者紹介

山尾三省　やまお・さんせい

一九三八年、東京・神田に生まれる。早稲田大学文学部西洋哲学科中退。六七年、「部族」と称する対抗文化コミューン運動を起こす。七三〜七四年、インド・ネパールの聖地を一年間巡礼。七五年、東京・西荻窪のほびっと村の創立に参加し、無農薬野菜の販売を手がける。七七年、家族とともに屋久島の一湊白川山に移住し、耕し、詩作し、祈る暮らしを続ける。二〇〇一年八月二八日、逝去。

著書『聖老人』『アニミズムという希望』『リグ・ヴェーダの智慧』『南の光のなかで』『原郷への道』『インド巡礼日記』『ネパール巡礼日記』『ここで暮らす楽しみ』『森羅万象の中へ』『狭い道』『野の道』(以上、野草社)、『法華経の森を歩く』『日月燈明如来の贈りもの』(以上、水書坊)、『ジョーがくれた石』『カミを詠んだ一茶の俳句』(以上、地湧社)ほか。詩集『びろう葉帽子の下で』『祈り』『火を焚きなさい』『五月の風』(以上、野草社)、『森の家から』(草光舎)、『南無不可思議光仏』(オフィス21)ほか。

装幀・組版――納谷衣美

ラマナ・マハルシの教え

2019年 7月31日 初版第一刷発行
2022年11月20日 初版第三刷発行

著　者――ラマナ・マハルシ
訳　者――山尾三省

発行者――石垣雅設

発行所――野草社
〒113-0034 東京都文京区湯島1-2-5 聖堂前ビル
TEL 03-5296-9624 FAX 03-5296-9621

〒437-0127 静岡県袋井市可睡の杜4-1
TEL 0538-48-7351 FAX 0538-48-7353

発売元――新泉社
〒113-0034 東京都文京区湯島1-2-5 聖堂前ビル
TEL 03-5296-9620 FAX 03-5296-9621

印刷・製本――萩原印刷

ISBN978-4-7877-1983-6 C0014